# 릴리스가든의
# 프랑스 자수

# 저 자 의 말

요즘처럼 쉽게 지쳐가는 적도 드문 것 같습니다. 또 갑작스레 주어진 많은 시간도 버겁습니다.
하루하루 일상을 반복하며 여럿보다는 혼자서 버텨내는 게 이제는 익숙합니다.
그리고 각자도생처럼 혼자서 버텨내는 방법을 찾아야 합니다.

지쳐가고 있는 분들께,
방법을 찾지 못하는 분들께,
잠시나마 숨을 고를 수 있는 소박한 취미를 알려주고 싶습니다.
프랑스자수 꽃으로요.
꽃은 나보다도 가녀린 줄기로 세상을 버티면서
지친 이들을 말없이 위로하고 달래주고 있답니다.
그래서 꽃을 모티브로 한 나만의 프랑스자수 꽃을 피우려고 합니다.
곧 우리가 피운 꽃이 되겠지요.

프랑스자수는 돈이 많이 드는 사치스러운 취미도,
어려운 기술을 필요로 하는 고급 취미도 아니에요.
언택트 세상에서는 재능을 나누고 함께 커가는 아름다운 분들로 인해
우리는 그 안에서 무엇이든 배울 수 있고, 무엇이든 될 수 있어요.
꽃 한송이를 피우는 데 필요한 건 용기입니다.

용기를 내어 고운 실로 삶의 아름다운 순간을 수놓듯 삶의 꽃도 피워보아요.
나를 닮은 화려하진 않지만 소박하고 수줍은 프랑스자수 꽃을요.
저는 그곳에서 꽃을 함께 가꾸는 정원사이자 여러분의 동무입니다.

# 차  례

## 스티치 종류와 방법 ⊗─────────────────────────

## 도안 목록 ⊗─────────────────────────

---

### 일 러 두 기

**•• QR코드 스캔하는 방법 ••**

첨부된 QR코드를 스캔하면 바로 유튜브 만들기 동영상으로 이어집니다. (유튜브 내 광고가 나올 수 있습니다)

1. 스마트폰에서 네이버 어플이나 인터넷 네이버에 들어갑니다.
2. 네이버 하단에서 초록색 바로가기 아이콘을 클릭합니다.
3. 렌즈를 클릭합니다.
4. 하단에 QR/바코드를 클릭합니다.
5. 스마트폰을 QR코드에 대고 인식시킵니다.
6. 상단에 뜨는 사이트를 클릭하면 유튜브 동영상으로 연결됩니다.

Lily's Garden

LESSON 1

# GARDEN
# FLOWER

튤립
⊗
# Tulip

# Tulip

튤립 하면 네덜란드가 떠오르지만 사실 튤립은 터키의 국화이며 터키가 네덜란드의 독립을 축하하는 의미로 선물하면서부터 네덜란드의 국화가 되었다. 튤립에 대한 네덜란드인들의 사랑은 남다른데 세계사 시간에 배웠던 튤립파동이 그 대표적인 예이다. 당시 튤립에 대한 인기가 하늘을 치솟아 구근 한 개당 8만 유로가 넘어가며 거품경제라는 경제 용어의 시초가 되었다니 말이다.

그만큼 한 송이를 피우는 데 많은 시간과 노력이 필요한 까다로운 꽃이라고…. 그래서였나 나도 튤립 한 송이를 수놓는 데 꽤 오랜 시간과 노력이 필요했다. 튤립의 단순하면서도 우아한 아름다움이 어떤 스티치를 통해 표현될 수 있을까 하는 고민이 늘 마음에 있었다.

그렇게 탄생한 튤립을 보며 또다시 위안과 기쁨을 얻는다.

가든로즈

# Garden Rose

# Garden Rose

장미처럼 많은 꽃말과 전설을 가지고 있는 꽃이 또 있을까. 그만큼 매혹적이며 화려하다. 그러나 비밀을 뜻하는 문장 'under the rose'에서 장미의 의미를 찾을 수 있듯이 장미는 침묵의 상징이기도 하다. 에로스와 비너스가 그들의 사랑을 비밀로 해달라며 침묵의 신 히포크라테스에게 장미를 선물한 데서 유래했다고 한다. 그래서 전통 있는 가문의 저택, 중요한 회의장, 밀실 등에 장미꽃이 놓이거나 장미 무늬가 새겨져 있다.

간직해야 할 비밀이 많은 꽃. 때문에 장미 하면 정열에 빨강을 떠올리지만 너무 화려한 색보다는 잔잔하고 은밀한 파스텔톤의 장미를 그려 보고 싶었다.

리시안셔스

# Lisianthus

## Lisianthus

리시안셔스는 '영원한 사랑'이라는 꽃말을 가지고 있어서 웨딩 부케에 많이 쓰이는 꽃이다.

하늘하늘한 꽃잎이 겹겹이 피어나는 게 어찌 보면 장미 같기도 한데, 장미가 화려한 아름다움을 갖고 있다면 리시안셔스는 우아한 아름다움을 갖고 있다.

꽃봉오리일 때는 흰색에 가까운 연노란색이지만 활짝 피어나면서 제 색깔을 드러내는 성숙한 꽃이다. 그 모습이 마치 결혼식장에 들어서는 신부의 모습 같기도 하다.

해바라기

# Sunflower

## Sunflower

해바라기는 오히려 밖에서보다 어느 집 현관에 들어서면 쉽게 만나는 꽃이다. 그 정도로 사람들의 해바라기에 대한 애정은 남다른데, 그럴 것도 해바라기는 '기쁨과 부의 상징'이기 때문이다. 찬란한 노란색은 황금을 닮아있고 해를 향해 고개를 드는 모습 또한 희망적이다 못해 경건하다.

그런 해바라기이지만 도시에서는 보기 힘든 꽃 중에 하나인데, 키가 크고 자리를 많이 차지해 수두룩 빽빽한 이 도시에서는 그 의미와 달리 대접받지 못하는 것 같다.

그 때문인지 해바라기를 수놓을 때 야생에서 자라는 자이언트 종을 수놓을지, 화원에서 길러지는 원예종을 수놓을지 별 고민도 없었다. 야생의 해바라기를 담기에는 나의 수틀도 너무 작았으니까. 여리여리한 화이트나이트 해바라기를 수놓으며 이런 생각을 하니 피식 웃음이 났다.

달리아
⊗
# Dahlia

# Dahlia

달리아는 해바라기처럼 키도 크고 얼굴도 큰 꽃이다. 실제 꽃을 보고 있어도, 사진만 보고 있어도 꽃이 살아 움직이는 것처럼 입체적인데, 꽃잎 끝이 뾰족하면서도 대롱처럼 말린 형태로 겹겹이 피어난다. 한동안 그런 달리아를 어떤 스티치로 수놓을지 고민에 싸였었다.

나는 실제 꽃을 프랑스자수만의 입체적이고 독특한 질감으로 수놓기를 좋아하는데 달리아는 딱히 떠오르는 스티치가 없었다.

그래서 내 마음대로 링스티치를 한번 매듭짓는 방식으로 응용하여 수놓았더니 내 마음에 쏙 드는 꽃이 피어났다.

잉글리시 로즈

# English rose

## English rose

장미의 종류는 무궁무진하지만 크게 올드 로즈와 모던 로즈로 나눌 수 있다. 올드 로즈는 향기가 진하고 꽃의 형태가 크지만 쉽게 시들어버리기 때문에 꽃의 크기와 향을 줄이고 어느 계절에나 피울 수 있는 모던 로즈가 나오게 되었다.

잉글리시 로즈는 영국의 화훼 육종가 오스틴이 이들의 장점만을 모아 개발한 장미이다. 때문에 '오스틴 장미'라고도 불리는데 향기가 풍부하고 화형 또한 크고 아름다워 일반 장미와는 사뭇 다르다. 그래서 꼭 한번 잉글리시 로즈를 나만의 프랑스자수 꽃으로 피워보고 싶었는데, 이 꽃을 보자마자 브레이드 스티치와 스템로즈 스티치가 생각났다. 자수만으로 꽃의 아름다움을 모두 표현할 수는 없겠지만 나름 프랑스자수만의 매력적인 잉글리시 로즈가 탄생했다.

작약

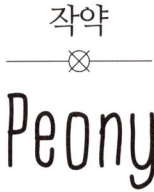

# Peony

✳ ✳ ✳ ✳ ✳ ✳ ✳ ✳ ✳ ✳ ✳ ✳ ✳ ✳ ✳ ✳ ✳ ✳ ✳ ✳ ✳ ✳ ✳ ✳ ✳

# Peony

작약은 흔히 모란과 많이 비교되는데, 생김새도 그렇고 '꽃들의 왕'이라고 불리는 것도 비슷해서 종종 혼동한다. 그러나 모란은 나무에서 피는 꽃이고 작약은 뿌리에서 줄기를 키워 꽃을 피운다. 그래서 도안을 디자인할 때 긴 줄기를 포인트로 하고 작약을 수놓아 갔다.

나름 모란과 작약을 구분지으려고 했으나 모란이 처음 피어난 자리 옆에 작약도 처음 피어났다는 설화를 듣고 그 구분이 의미가 없어졌다. 그저 내가 가장 애정하는 꽃이라는 구분 정도만 해둔다.

비올라
⊗
# Viola

# Viola

지금은 없어졌지만 오래전 삼청동에 '플로라'라는 레스토랑이 있었다. 테이블마다 그 계절에 핀 꽃이 놓여져 있었고 음식 위에는 이 꽃이 늘 플레이팅되어 있었다. 가끔 주방장님이 직접 서빙할 때면 꼭 이 꽃에 대해 설명해주셨는데, 바로 비올라였다.

얼핏 보면 팬지 같지만 비올라는 팬지꽃에 비해 크기가 반의반도 안 되는 엄지손톱만 한 꽃이고 식용이 가능하다. 꽃이 피면 며칠 못 가 금방 시드는데 그 레스토랑 주방장님이 꼭 비올라를 음식에 올렸던 것을 생각하면 그만큼 신선한 요리에 대한 자부심과 사명감을 가지셨던 것 같다.

이 작은 꽃을 재밌게 표현하고 싶어서 우븐 오벌 스티치를 사용했는데 아기 볼처럼 통통하고 앙증맞은 꽃이 나와 한참을 흐뭇했다.

카네이션

⊗

# Carnation

Lily's Garden

# Carnation

16세기 초 라파엘로의 '카네이션을 든 성모'라는 그림에 아기 예수를 안은 성모가 카네이션을 들고 있었다. 왜 하필 카네이션이었을까를 따라가다 보니, 십자가에 못 박힌 예수를 보내면서 성모 마리아가 눈물을 흘렸는데 그 자리에 카네이션이 피었다고 한다. 이때부터 카네이션은 모성애의 상징적인 꽃이 되었다. 그 때문인지 우리는 부모님을 보면 위대한 모성애가 떠오르는 건 아닐까.

어버이날을 맞아 카네이션을 수놓았는데, 둥근 리스(wreath)는 영원, 애도를 표현한다고 하여 좀더 의미를 부여해서 카네이션 리스(wreath)로 완성했다. 괜히 마음이 뭉클해지는 꽃이다.

개양귀비

⊗

# Poppy

# Poppy

'양귀비' 하면 미의 대명사이기도 하지만 우리나라에서는 이 꽃을 키우는 것 자체가 불법이어서 실제로 보기가 힘들었다. 양귀비 열매의 유액을 체취해서 아편을 만들기 때문에 마약이 금지된 우리나라에서는 이 꽃을 기를 수가 없었다. 그런데 언젠가부터 공원 화단에 피어있는 것을 보고 어찌 된 일인가 싶었는데, 내가 본 것은 양귀비와 모습이 똑같은 개양귀비였다. 아편 성분을 없애 개량 재배한 품종으로 이 꽃은 합법적으로 기를 수 있게 된 것이다.

개양귀비는 양귀비와 달리 줄기에 잔털이 나 있다. 그래서 수를 놓을 때 꼭 이 잔털을 그리고 싶었다. 카우칭 스티치는 보통 레터링에 많이 쓰이는데 개양귀비 줄기에 이 스티치를 사용하니 너무나 동양적이면서 꽃보다 줄기에 눈이 가는 독특한 꽃이 되었다.

루드베키아

⊗

# Cone flower

## Cone flower

나는 이 꽃이 강렬한 노란색 때문인지 너무나 이국적이다. 원산지를 찾아보니 북아메리카였는데 왠지 잘 어울린다는 생각이 들었다. 지금은 미국과 캐나다가 대부분을 차지한 땅이지만 북아메리카는 인디언들의 땅이었다.

루드베키아의 탄생 설화도 인디언과 관련이 있는데 19세기 백인들이 북아메리카를 차지하면서 인디언들의 터전을 빼앗고 그들을 말살시킬 때 이들과의 공존을 주장하며 인디언들을 보호하려고 했던 한 백인 장교가 인디언 족장 딸과 사랑에 빠졌다. 결국 장교는 반대세력에 의해 숙청당하고 인디언 딸은 슬픔에 빠져 세상을 떠났는데 그 자리에서 루드베키아가 피어났다고 한다.

화단에 피어있는 루드베키아를 보면서 경쾌하고 발랄한 노란 꽃이라기보다는 슬픔이 베어나는 노란 꽃이라는 생각이 들었다.

폼폰 국화

# Pompon mum

# Pompon mum

폼폰 국화가 정확한 명칭은 아니지만 국화를 동그란 공 모양으로 개종하여 방울술 같다고 해서 붙여진 이름이다. 풍풍 국화, 핑퐁 국화, 폼폼 국화 등 많은 이름으로 불리고 있는데 꽃가게에 가면 늘 많은 자리를 차지할 만큼 인기가 좋다.

국화 하면 슬픔을 상징하는 꽃이지만 이 폼폰 국화를 받으면 받는 사람이 미소를 짓는다고 해서 '스마일 국화'로도 불린다. 나도 이 꽃을 보자마자 작은 탁구공이 꽃인 척 줄기 끝에 매달려있는 것 같아서 한참 동안 웃음이 났다.

알리움
⊗

# Allium

# Allium

줄기 끝에 수십 개의 꽃이 모여 둥근 공 모양을 이루는데, 파꽃, 양파꽃, 마늘꽃과 닮아있다. 그럴 것도 알리움은 파, 양파, 마늘 등 파속 식물을 일컫는 학명이다. 그런데 보라색 계열의 알리움은 꽃이 예뻐 원예종으로 따로 키우고 우리나라에서는 그냥 꽃이름으로 불린다.

보기에는 크고 복잡해 보이지만 그라니토스 스티치와 프렌치노트 스티치만으로 꽃을 수놓을 수 있는데 프랑스자수에서 가장 기본이 되는 이 두 가지 스티치를 끊임없이 연습해볼 수 있는 예쁜 꽃이다. 꼭 '끊임없이'를 기억해야 한다.

아네모네
⊗

# Anemone

# Anemone

아네모네가 가지고 있는 꽃말은 모두 사랑에 대한 슬픔과 허무이다. 관련된 신화 모두 죽음과 연관이 있고, 그리스어로 '바람'이라는 뜻에서 유래되었다. 왜 이 아름다운 꽃에 부정적인 의미만 가득 부여했을까.

아네모네는 다른 꽃에 비해 급하게 피고 급하게 진다. 때문에 오래 두고 볼 수 없다. 원산지는 지중해 연안인데 낭만적이고 여유가 넘치는 이곳과 달리 급한 성격의 아네모네는 조금 어울리지 않는 것 같기도 하다.

그래서였을까. 수를 완성하고 보니 가을바람처럼 조금 처연해 보인다.

라넌큘러스

⊗

# Ranunculus

# Ranunculus

라넌큘러스는 '개구리'라는 라틴어 'rāna'에서 이름이 유래됐는데, 동화《개구리왕자》처럼 볼품없는 식물이 꽃을 피우며 더없이 화려해져서 유래했다는 설과 워낙에 물을 좋아해 습지에서 자라기 때문에 유래했다는 설이 있다. 그런데 나는 꽃을 보면 너무 동그랗다 못해 툭 튀어나올 것만 같은 개구리 눈과 닮아서 붙여진 이름이 아닐까 생각한다.

그 정도로 동그란 꽃잎이 수백 장 겹쳐져 피어나는데, 보고 있으면 블랙홀을 보는 듯 빨려들어갈 것 같다. 그런 라넌큘러스를 완성하고 싶어서 한참 동안 실을 돌리고 또 돌렸다. 무언가를 흥얼거리며…돌리고 돌리고….

*Lily's Garden*

LESSON 2

WILD
FLOWER

*Lily's Garden*

솔체꽃

# Scabiosa

## Scabiosa

솔체꽃은 깊은 산속에서 피는 야생화라 일상에서 보기 힘들었지만 서양에서 스카비오사라는 원예종으로 재배하여 이제는 우리 곁에서도 쉽게 볼 수 있다.

야생화는 야생에서 자신을 지켜야 하기 때문에 화려한 자태보다는 크기가 작고 풀처럼 보이는 꽃을 피우기 십상인데 솔체꽃은 '블루문'이라는 또 다른 이름을 갖고 있을 만큼 신비롭고 아름다운 꽃을 피운다. 그래서 동서양을 막론하고 사랑받고 있으며 이제는 화단에서도 쉽게 키울 수 있도록 개량하여 좀더 친숙한 꽃이 되었다.

아마꽃
—⊠—

# Flax

# Flax

아마꽃은 다섯 장의 얇은 꽃잎이 달린 다소 밋밋한 꽃이다. 그러나 자세히 들여다보면 이보다 더 심플하면서도 아름다울 수 있을까 하는 푸르른 우아함이 있다.

유럽에서는 아마의 줄기 껍질로 린넨 섬유를 만드는데, 린넨은 프랑스자수에서 정말 많이 쓰이는 고급 원단이다. 그래서인지 아마꽃은 프랑스자수에서 떼려야 뗄 수가 없는 꽃이다.

꽃마리

⊗

# Trigonotis peduncularis

## Trigonotis peduncularis

예전에 꽃마리를 수놓는 동영상에 '이 꽃은 꽃마리가 아니라 물망초랍니다.'라는 댓글이 달렸다. 그때 댓글의 글자 수가 한정되어 있어 자세한 설명을 못했지만 꽃마리의 생김새가 물망초와 비슷해서 이해는 되었다.

물망초는 유럽이 원산지지만 꽃마리는 원산지도 알 수 없는 길가의 풀이다. 그 정도로 꽃과 잎이 작아서 자세히 들여다보아야 꽃이 보인다. 그에 비해 물망초는 잎이 길쭉길쭉하고 꽃이 좀더 크고 선명하다. 누가 봐도 꽃이다. 그래서 물망초보다는 꽃마리를 아름답게 수놓고 싶었다. 잡초라도, 잘 보이지 않아도 나에겐 아름다운 꽃이니깐.

코스모스

⊗

# Cosmos

## Cosmos

나는 시골에서 자라 집에서 학교까지 가는 길이 참 멀었다. 둑을 따라 길을 걸으면 매해 코스
모스를 볼 수 있었는데, 그 꽃을 보면서 '아, 가을이 왔구나.' 생각했다. 지금은 길가에서도 보
기 힘들고 일부러 심어놓은 꽃이 색상도 진하고 화려해졌지만, 그때는 키가 크고 가는 줄기와
흐릿흐릿한 꽃잎이 꼭 내 사춘기 같았다.
그래서 지금도 코스모스를 보면 그때의 내가 생각이 난다.

수레국화

# Cornflower

# Cornflower

수레국화는 초여름에 피는 야생화지만 요즘은 관상용으로 겨울을 제외한 모든 계절에 원예 재배를 한다. 소담하고 푸른 꽃이 아름다워 개인적으로 많이 키우기도 하고 항염, 항균 효과가 탁월하여 유럽에서는 약용의 목적으로 계획 재배를 하기도 한다.

유럽이 원산지이지만 색상도 그렇고 자태도 그렇고 꽃이 너무나 동양적이라 무명 다포에 꽃잎 하나하나를 살린 수레국화를 수놓아 보았다. 이보다 더 고울 수 있을까.

가시엉겅퀴

# Visible Thistle

## Visible Thistle

엉겅퀴는 프랑스자수에서 입체 스티치를 접하면 꼭 한 번쯤은 만나는 꽃이다. 꽃 한 송이 안에 수백 개의 작은 꽃이 털실처럼 들어있어 엉겅퀴 스티치가 따로 있을 만큼 특이하고 아름다운 들꽃이다. 이에 비해 가시엉겅퀴는 엉겅퀴보다 꽃이 조금 더 작고 줄기에는 뾰족뾰족한 가시가 돋아나 있어서 훨씬 야생화 느낌이 난다. 나도 그 과정을 거쳤지만 나만의 엉겅퀴를 수놓아 보고 싶어 가시엉겅퀴를 선택했다.

카모마일

Chamomile

## Chamomile

우리나라보다는 유럽에서 흔히 볼 수 있는 꽃으로 우리는 주로 차(tea) 안에 말린 꽃으로 접한다. 달콤한 사과향과 톡 쏘는 허브향이 어우러져 세계적으로 사랑받는 꽃이며 피어있는 모습 자체가 너무나 귀엽고 사랑스러워 프랑스자수에서도 늘 단골손님이다. 또한 스티치 자체가 쉽고 간단해서 프랑스자수를 처음 접하는 분들도 가볍게 수놓을 수 있어 많이 추천하는 꽃이다.

토끼풀

# White Clover

## White Clover

토끼풀은 잔디밭이나 길가에서 흔히 볼 수 있는데 우리가 익히 알고 있는 행운의 클로버이다. 어릴 적 토끼풀의 꽃을 엮어 반지를 만들고 팔찌도 만들어 끼었는데 지금은 그렇게까지 지천에 피지 않고 귀해져서인지 꺾을 엄두조차 나지 않는다. 그래도 지나가다 토끼풀을 발견하면 꼭 네잎클로버를 찾게 된다. 모두에게 행운을….

병아리꽃

⊗

# Rhodotypos

✳ ✳ ✳ ✳ ✳ ✳ ✳ ✳ ✳ ✳ ✳ ✳ ✳ ✳ ✳ ✳ ✳ ✳ ✳ ✳ ✳ ✳ ✳ ✳ ✳

## Rhodotypos

병아리꽃은 병아리꽃나무에 피는 희고 작은 꽃인데, 꽃이 병아리처럼 작고 연약해 보인다 하여 붙여진 이름이다. 가지 끝에 매달린 작고 아기자기한 꽃은 이름마저 너무나 사랑스럽다. 꼭 아기 옷에 수놓아주고 싶은 얼굴을 하고 있는 것 같다.

금잔화

⊗

# Calendula

## Calendula

금잔화는 국화과에 속하는 야생화이다. 우리는 '카렌듈라'라는 이름으로 더 익숙하다. 이 꽃은 상처 치유의 능력이 탁월하여 스킨케어 제품이나 치료약의 성분으로 많이 쓰이고 있다. 또한 몸에 난 상처뿐만 아니라 마음의 상처까지 보듬어 아로마 오일로도 유명하다.

꽃이 피면 그 꽃이 한 달 동안 피어있는다고 해서 라틴어 'calendae(새로운 달)'에서 꽃이름이 유래했다.

calendae → calendar(달력) → calendula

길가의 꽃에도 이런 깊은 의미가 담겨있구나. 의미 없이 피어나는 꽃은 없나 보다.

커피나무꽃

# Coffee Tree

## Coffee Tree

오래전 강릉의 한 유명한 카페에서 이 꽃나무를 보고 놀란 적이 있다. 커피를 좋아했지만 커피나무에 어떻게 꽃이 피고 열매가 열리는지에 대해서는 통 관심이 없었는데 꽃과 열매를 직접 보니 전혀 커피와는 관련이 없어 보였기 때문이다.

소박하고 단정한 흰 꽃이 떨어지고 난 자리에 붉은 열매가 열리는데 우리가 마시는 커피는 그 열매의 씨앗이다. 흔히 커피를 '신의 열매'라고도 부르고 '악마의 열매'라고도 부른다. 이렇게 상반되는 두 가지 이름으로 불리는 이유를 대개 커피의 장단점에서 찾지만 난 그저 흰 꽃과 붉은 열매를 보니 이해가 되었다.

Lily's Garden

동백나무꽃

⊗

# Camellia

## Camellia

동백(冬柏). 겨울에 꽃이 핀다 하여 동백이라는 이름이 지어졌다. 보통 꽃이 향기로 벌과 나비를 유인하는 데 비해 동백꽃은 붉은색으로 새를 유인하여 꽃가루를 퍼트린다. 그만큼 동백꽃의 색이 붉고 화려하다.

전 세계 여성이 사랑하는 브랜드 샤넬의 시그니처 꽃이 바로 이 동백꽃(카멜리아)이다. 꽃이 가진 본연의 향기보다 디자인으로 세계 여성을 매료시키는 게 이 꽃과 닮아있다고나 할까. 그저 내 생각이지만.

벌개미취

Korea Starwort

## Korea Starwort

벌개미취는 한국에서만 자라는 토종 야생화이다. 어린 순과 잎은 나물로 먹을 수 있는데 그
맛이 개미에서 나는 신맛과 비슷하고 들판에서 흔히 볼 수 있다고 해서 한글로 지어졌다.
'너를 잊지 않으리'라는 꽃말처럼 처연하면서도 청초한 아름다움을 가지고 있는데, 이제 막
프랑스자수를 시작하는 분들께 많이 권하는 꽃이다. 그만큼 꽃의 형태가 단순해서 기본기를
익힐 수 있는 스티치와 잘 매치된다. 물론 나도 이 꽃으로 프랑스자수를 시작했다.

허브

⊗

# Herb

## Herb

허브라는 이름만 들어도 청량하다. 뭔가 건강해지는 기분이 드는 건 덤이고. 허브는 'Herba(허바)'라는 라틴어가 어원인데, 이는 '풀' 또는 '약초'를 뜻한다.

허브를 수놓을 때 참 답답한 일이 많았다. 전 세계에 떠도는 바이러스 때문에 밖을 나갈 수도, 무엇을 할 수도 없는 날들이 이어졌다. 어떤 자수를 할지, 무엇을 수놓을지 그날의 기분과 사건에 영향을 많이 받는데 이맘때는 단순하고 생명력 넘치는 야생화를 많이 수놓았던 것 같다. 의도했던 것은 아니지만 무의식적으로 그날의 나와 긴밀하게 연결되어 있거나 소망하는 것들을 프랑스자수로 옮기는 것 같다. 다시 상큼했던 날들로 돌아갔으면…. 모두가 건강했으면….

라벤더

# Lavender

## Lavender

라벤더는 내가 생각하는 가장 아름다운 풀이다. 신비로운 보라색을 띄고 있으며 형용할 수 없는 편안한 향을 지니고 있다.

프랑스자수로 수놓기도 편하고 기초 스티치만으로도 완성할 수 있어 보통 프랑스자수 초급에서 많이 다룬다.

들판을 온통 보라색으로 물들이는 이 작은 꽃을 보고 있으면 무엇이든 할 수 있는 용기가 나는데, 그래서 이 책의 끝에 라벤더를 넣었다. 자, 이제 시작할 시간이다.

*Lily's Garden*

# 사용한 도구와
# 필요한 재료

프랑스자수라고 하면 비용이 많이 들거나 재료가 비싼 고급 취미로 여겨지는데 다음에 소개하는 도구만 있으면 저렴한 비용으로 시작할 수 있다. 처음부터 재료를 완벽하게 준비하기보다는 최소한의 도구를 갖추고 필요할 때마다 한 개씩 추가로 구매하는 것이 좋다.

## 🌸 수틀 Embroidery frame ~~~~~~~~~~~~~~~~~~~~~~~~~~~~~

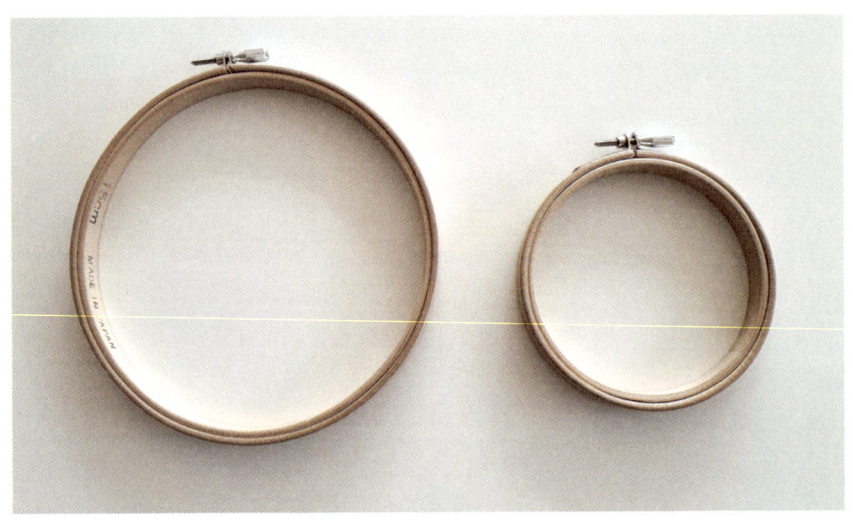

원단을 수틀에 끼워 면을 팽팽하게 한 뒤 수를 놓아야 손이 편하고 자수가 고르게 나온다. 수틀에도 여러 종류가 있지만, 편백나무 수틀이 가벼워 오랜 시간 수를 놓아도 손목에 무리가 없다. 가격은 다른 수틀에 비해 조금 비싼 편이지만 한 번 구매하면 오랫동안 사용할 수 있어서 추천한다. 처음에는 10cm 수틀 한 개로 시작하고 이후에 액자로 활용하거나 좀더 큰 작품을 할 때 15cm 수틀을 추가로 구매하도록 한다.

무명 10수

염색원단(승복지)

린넨 15수

광목 10수

무명

평상시 꽃이 좀더 두드러지도록 무색의 원단에 수를 놓는데, 광목과 무명을 주로 사용한다. 광목과 무명은 같은 면 원단이지만 넓은 의미에서 광목이 무명에 속한다. 광목은 무명실을 이용해 기계로 좀더 거칠게 짠 원단인데 형광이나 표백의 처리를 하지 않아 색상이 자연스럽고 옅은 누런색을 띈다. 이에 비해 무명은 원래 베틀로 짠 천을 말하는데 사실 요즘은 베틀로 짠 무명은 거의 없고 옛 무명의 특성을 살린, 조직이 촘촘하고 결이 있는 원단을 일컫는다. 원단의 수가 높아질수록 원단의 두께가 얇아지는데, 보통 20수가 수를 놓기 편하지만 10수가 자수를 완성했을 때 모양이 잘 유지된다.

다음으로 프랑스자수에서 많이 쓰이는 원단인 린넨은 섬유 중 아마사, 즉 마로 짜여진 원단을 말한다. 바람이 잘 통해서 하늘하늘하고 원단의 짜임새가 살짝 거칠어서 특이한데다 색깔도 자연스러워 정말 많이 쓰이는 원단 중 하나이다. 그러나 린넨은 마로 만들어진 원단이어서 세탁 시 수축이 잘 된다. 그렇기 때문에 자수하기 전에 꼭 세탁을 해야 한다.

승복지는 먹물로 자연염색한 원단이며 먹물의 농도가 흐린 색부터 진한 색까지 다양하다. 자수실이 선명한 컬러를 가지고 있어서 색깔 원단을 쓰고 싶을 때는 무채색 계열의 승복지를 자주 사용한다.

동대문종합시장 원단 전문 매장에서 다양하고 저렴하게 천을 구매할 수 있지만 멀기도 하고 수많은 원단 중 하나를 고르기 어려우니 인터넷 원단 쇼핑몰에서 10수에서 20수의 광목이나 무명을 선택하는 것이 좋다. 구매 단위는 1마(=90cm, 1야드yd)부터 시작한다.

DMC25번 사

DMC는 설립된 지 200년이 넘는 프랑스의 섬유 회사이다. 오랜 전통만큼 많은 종류의 실을 생산하지만 여기서는 가장 보편적인 DMC 25번 사를 사용했다.

DMC 25번 사는 얇은 실 6가닥을 꼬아놓은 면사이다. 한 번에 약 40cm의 실을 잘라 필요한 가닥수만큼 뽑아서 사용한다. 처음부터 500가지가 넘는 색상을 모두 구비하거나 인터넷에서 '초보자 실 세트'를 구매하는 것보다 그때그때 작품에 필요한 실을 차례대로 구매하기를 권한다. 한꺼번에 많은 종류의 실을 사놓으면 안 쓰는 색상의 실이 대부분이고 나의 취향과 다를 수도 있기 때문이다.

체코바늘 24        존제임스사 3~9호 바늘 세트        바늘

프랑스자수를 할 때 존 제임스(영국제) 혹은 크로바(일본제) 등 자수 전문 회사에서 나온 다양한 굵기의 바늘이 들어있는 세트 상품을 많이 사용한다. 실 1가닥부터 6가닥까지 각각의 스티치에 맞는 바늘이 들어있어 한 세트를 가지고 있으면 편리하다.

나는 한 작품에 색상별로, 가닥수별로 바늘을 핀쿠션에 주르륵 꽂아놓고 사용하고 실 가닥수도 2~3가닥을 주로 사용하기 때문에 조금 얇은 체코바늘 24호를 주로 사용한다. 바늘 25개가 한 쌈에 들어 있고 품질도 뛰어나다. 그리고 굵기는 존 제임스 7~8호 정도에 해당한다.

이밖에 실 가닥수가 많아질 때는 회사나 호수를 따지지 않고 대바늘을 사용한다.

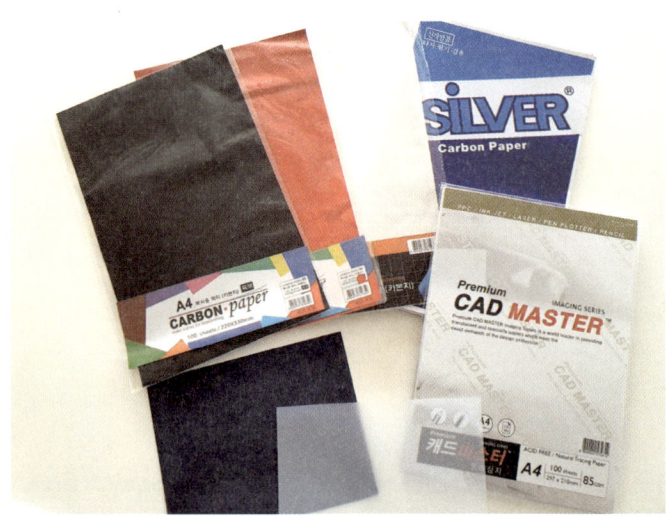

### 먹지

도안을 원단에 옮길 때 먹지가 필요한데, 자수용 먹지가 따로 있으나 문구점에서 판매하는 카본페이퍼(carbon paper)를 주로 사용한다. 자수용 먹지는 수용성이라 세탁이 쉽지만 비싸고 원단에 선명하게 옮겨지지 않아서 일반 먹지를 사용한다. 일반 먹지는 주변에서 손쉽게 구할 수 있고 가격도 저렴하며 도안선이 선명해서 강약 조절만 잘하면 훌륭한 재료이다.

### 트레이싱지

도안을 원단에 직접 그리는 게 아니라면 원단이 비치는 트레이싱지에 도안을 그려 원단 사이에 먹지를 끼운 다음 도안을 원단에 옮겨준다. 트레이싱지도 일반 문구점에서 쉽게 구매할 수 있고 저렴하다.

### 자수용 수성펜

자수용 수성펜은 물이 닿으면 쉽게 지워지는 기화성 펜이다. 도안선을 보충하거나 입체
자수를 놓을 때 사용한다.

### 네임펜(제도용 펜)

도안을 디자인할 때 먼저 스케치북에 그린 다음 수정을 거쳐 완성되면 트레이싱지에 옮
겨주는데 이때 네임펜이나 제도용 펜을 이용하면 좀더 선명한 도안선을 그릴 수 있다.

### 철필

원단과 도안 사이에 먹지를 끼워 트레이싱지에 인쇄된 도안을 원단에 옮겨주는 데 필요
하다. 자수용 철필이 따로 있지만 다 쓴 볼펜을 사용해도 되고 연필을 사용해도 된다.

가위는 원단을 자를 때 쓰는 문구용 가위와 실을 자를 때 쓰는 쪽가위 한 개만 있으면 된다. 브랜드가 있는 비싼 수예용 가위보다는 보통 개당 1,000원 안팎의 가위를 사서 자주 바꿔주는 것을 추천한다.

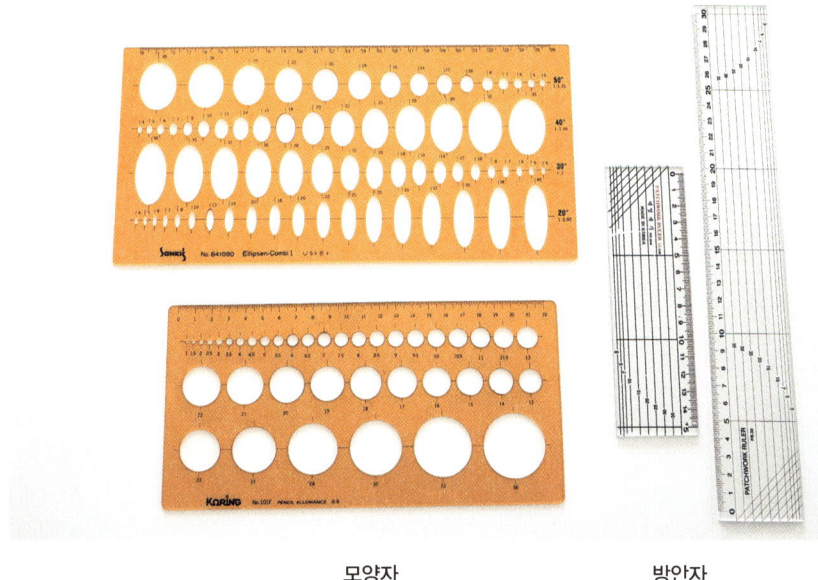

모양자 　　　　　　　　　　　　방안자

없어도 상관없는 도구이지만 하나 가지고 있으면 유용하게 사용할 수 있는 도구이기도
하다. 15cm 방안자는 저렴하고 휴대하기 편하며 원형과 타원형 모양자는 제도용으로 구
비해두면 정형적인 꽃잎을 그리는 데 도움이 된다.

*Lily's Garden*

# 스티치 종류와
# 방법

# 줄기 & 레터링

줄기를 수놓거나 하나의 스티치를 반복하여 면을 채우는 스티치

### ◈ 아우트라인 스티치 Outline stitch

앞의 스티치로 되돌아가 선을 만들어주는
스티치입니다.

### ◈ 스템 스티치 Stem stitch

반땀 되돌아가 선을 이어주는데 아우트라인 스
티치보다 꼬임이 있는 선을 만들 수 있습니다.

### ◈ 롤 스티치 Roll stitch

스트레이트 스티치의 굵은 실을 다른 실로
휘감아주는 스티치입니다.

### ◈ 스플릿 스티치 Split stitch

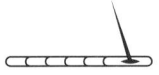

앞의 스티치를 가르며 되돌아와 스트레이트
스티치를 반복하는 스티치입니다.

### ✖ 코랄 스티치 Coral stitch

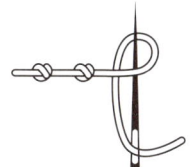

원단을 바늘로 뜬 자리에 매듭을 만들어주
며 선을 이어나가는 스티치입니다.

### ✖ 카우칭 스티치 Couching stitch

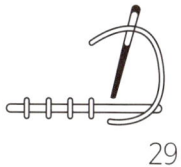

29

굵은 실을 얇은 실로 고정하면서 선을 만들
어주는 스티치입니다.

### ✖ 체인 스티치 Chain stitch

고리에 고리를 연결하는 스티치입니다.

### ✖ 트위스트 체인 스티치 Twisted chain stitch

꼬아준 고리에 꼬인 고리를 연결하는 스티
치입니다.

### ✖ 브로드 체인 스티치 Broad chain stitch

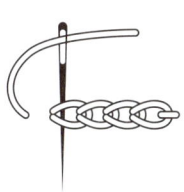

고리 아래쪽으로 고리를 연결하는 스티치입
니다.

꽃

꽃을 장식하거나 꽃술, 봉오리를 만드는 스티치

### ⊗ 레이지 데이지 스티치 Lazy daisy stitch

둥근 고리를 만들고 고리 밖으로 한땀 실을 넣어주어 고정하는 스티치입니다.

### ⊗ 더블 레이지 데이지 스티치 Double lazy daisy stitch

레이지 데이지 스티치 안에 한 번 더 레이지 데이지 스티치를 해주는 스티치입니다.

### ⊗ 트위스트 레이지 데이지 스티치 Twist lazy daisy stitch

방법은 레이지 데이지 스티치와 같지만 시작점이 달라 한 번 더 꼬임을 만들어주는 스티치입니다.

### ⊗ 그라니토스 스티치 Granitos stitch

스트레이트 스티치 한 개를 중심으로 양쪽에 스트레이트 스티치를 해주어 작은 봉오리나 잎을 만드는 스티치입니다.

### ✳ 롱앤숏 스티치 Long&Short stitch

길고 짧은 스트레이트 스티치를 번갈아가며
면을 채워주는 스티치입니다.

### ✳ 블랭킷 스티치 Blanket stitch

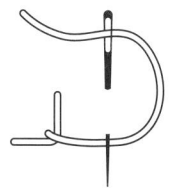

담요의 가장자리를 직각으로 수놓는 스티치
입니다.

### ✳ 블랭킷 링 스티치 Blanket ring stitch

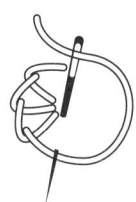

블랭킷 스티치를 원형으로 수놓는 스티치입
니다.

### ✳ 루프드 블랭킷 스티치 Looped blanket stitch

느슨한 블랭킷 스티치를 원형으로 수놓는
스티치입니다.

### ✳ 버튼홀 스티치 Buttonhole stitch

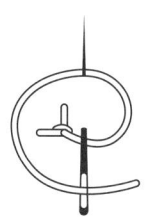

블랭킷 스티치와 마찬가지로 직각으로 수놓는
스티치인데 직각에 매듭을 한 번 더 짓는 스티
치입니다.

### ✳ 프렌치 노트 스티치 French knot stitch

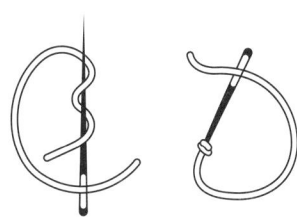

바늘에 실을 두 번 감아 원단 위로 매듭을
짓는 스티치입니다.

### ✖ 피스틸 스티치 Pistil stitch

기둥을 만들어 프렌치 노트 스티치와 같이
매듭을 짓는 스티치입니다.

### ✖ 스템 로즈 스티치 Stem rose stitch

스템 스티치로 원형을 채워주는 스티치입
니다.

### ✖ 스파이더웹 스티치 Spider web stitch

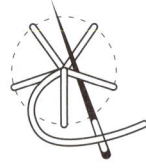

다섯 개의 기둥을 번갈아가며 거미줄처럼
실을 감아주는 스티치입니다.

### ✖ 블리온 스티치 Bullion stitch

원단을 떠준 길이만큼 바늘에 실을 감아 기
둥을 만드는 스티치입니다.

### ✖ 블리온 노트 스티치 Bullion knot stitch

원단을 짧게 떠서 블리온 스티치를 동그랗
게 말아주는 스티치입니다.

### ✖ 블리온 로즈 스티치 Bullion rose stitch

블리온 스티치를 겹쳐 수놓아 장미 모양을
만드는 스티치입니다.

### ⊗ 오븐오벌 스티치 Woven oval stitch

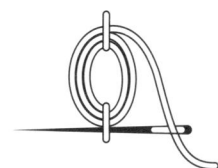

위아래 스트레이트 스티치를 만들고 그 사이로 실을 감아 동그란 모양을 만드는 스티치입니다.

### ⊗ 링 스티치 Ring stitch

고리를 만들어 끝을 고정시키는 입체 스티치입니다.

### ⊗ 로제트 스티치 Rosette stitch

  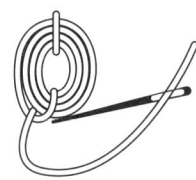

긴 바늘로 원단을 떠준 뒤 바늘의 위아래를 실로 감아 동그란 모양을 만드는 스티치입니다.

### ✖ 스미르나 스티치 Smyrna stitch

고리를 나열하며 일렬로 고정해주는 스티치인데 터키의 스미르나 지역에서 카펫을 만들 때 쓰이는 스티치로 터키워크 스티치라고도 부릅니다.

### ✖ 터키워크 스티치 Turky work stitch

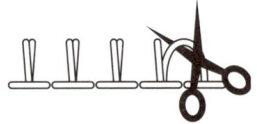

스미르나 스티치의 고리를 잘라주면 색다른 입체감을 만들 수 있습니다.

### ✖ 브레이드 스티치 Braid stitch

 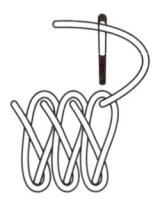

숫자 8의 모양으로 꼬아놓은 실을 촘촘히 나열하는 스티치입니다.

### ✖ 오이스터 스티치 Oyster stitch

트위스트 레이지 데이지 스티치에 실을 걸어 바깥쪽에 레이지 데이지 스티치를 한 번 더 해주는 스티치입니다.

### ✹ 위빙 스티치 Weaving stitch

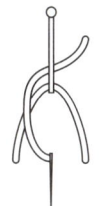

위브(weave)는 '짜다'라는 뜻인데 기둥을 세워 오른쪽과 왼쪽을 번갈아가며 옷감을 짜는 것처럼 수놓는 스티치입니다.

### ✹ 캐스트온 스티치 Cast on stitch

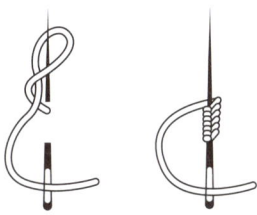

바늘에 실을 걸어 코를 만들고 한 줄의 코바늘 뜨기를 완성하는 스티치입니다.

### ✹ 레이즈드 리프 스티치 Raised leaf stitch

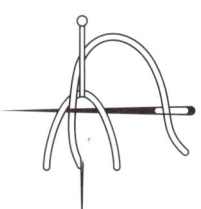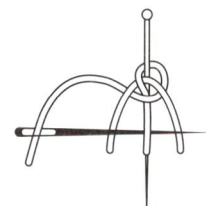

시침핀을 사용해서 세 개의 기둥을 만들고 오른쪽과 왼쪽을 번갈아가며 실을 엮어 꽃잎이나 잎을 만드는 입체 스티치입니다.

### ✹ 테슬 스티치 Tassel stitch

실을 감아 테슬을 만드는 스티치입니다.

# 잎

잎을 수놓을 때 쓰이는 스티치

## ⊗ 플라이 스티치 Fly stitch

영문 V자에 실을 걸어 영문 Y자를 만드는 스티치입니다.

## ⊗ 페더 스티치 Feather stitch

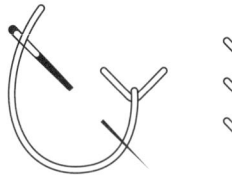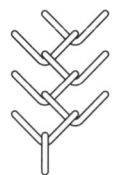

영문 V자를 왼쪽 오른쪽으로 연결하여 깃털 모양을 만드는 스티치입니다.

## ⊗ 리프 스티치 Leaf stitch

플라이 스티치를 간격 없이 반복하여 잎을 만들어주는 스티치입니다.

## ⊗ 리프 블랭킷 스티치 Leaf blanket stitch

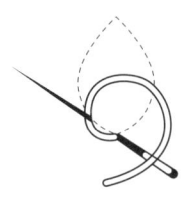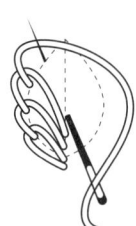

블랭킷 스티치로 잎의 면을 채워주는 스티치입니다.

## ⊗ 플랫 스티치 Flat stitch

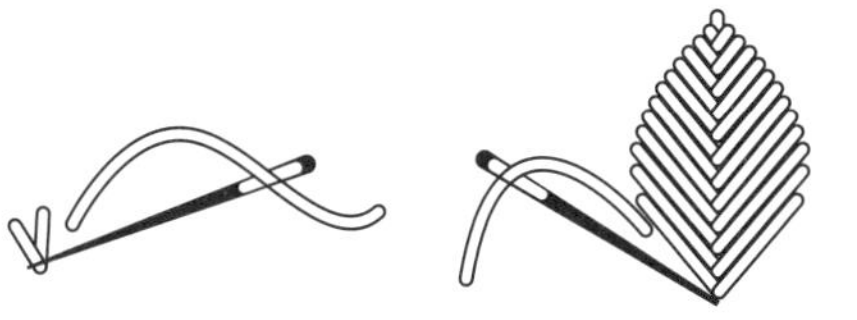

대각선으로 왼쪽과 오른쪽을 번갈아가며 수를 놓아 볼록한 잎을 만드는 스티치입니다.

## ⊗ 새틴 스티치 Satin stitch

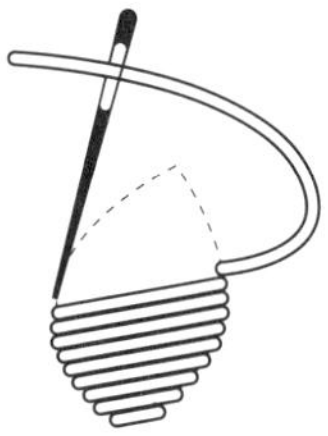

스트레이트 스티치로 면을 메꾸는 스티치입니다. 일자 혹은 사선으로 수를 놓을 수 있습니다.

이 책에 수록된 프랑스자수 꽃의 스티치는 총 40가지입니다. 줄기를 수놓는 스티치, 꽃을 수놓는 스티치, 잎을 수놓는 스티치가 꼭 정해져 있거나 나눠지는 것은 아닙니다. 이 책에서는 스티치를 찾아보기 쉽게 분리한 것이며 스티치 이름에 따라 가나다 순으로 나열했습니다.

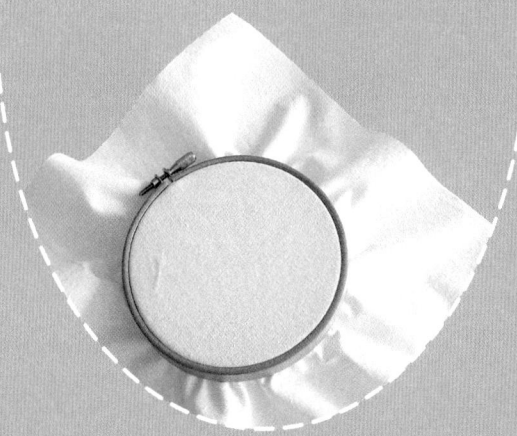

*Lily's Garden*

# 도안 목록

1. 도안에 표기된 번호는 DMC25번 사의 실 번호입니다.
2. 도안에 표기된 스티치는 '스티치 이름 S(실 가닥수)'로 표기했습니다.
   **예** 524 리프 S(2)는 DMC25번 사 524번 실 두 가닥을 사용하여 리프 스티치를 해줍니다.
3. 도안은 실물 크기입니다.

## GARDEN FLOWER I **툴립** Tulip

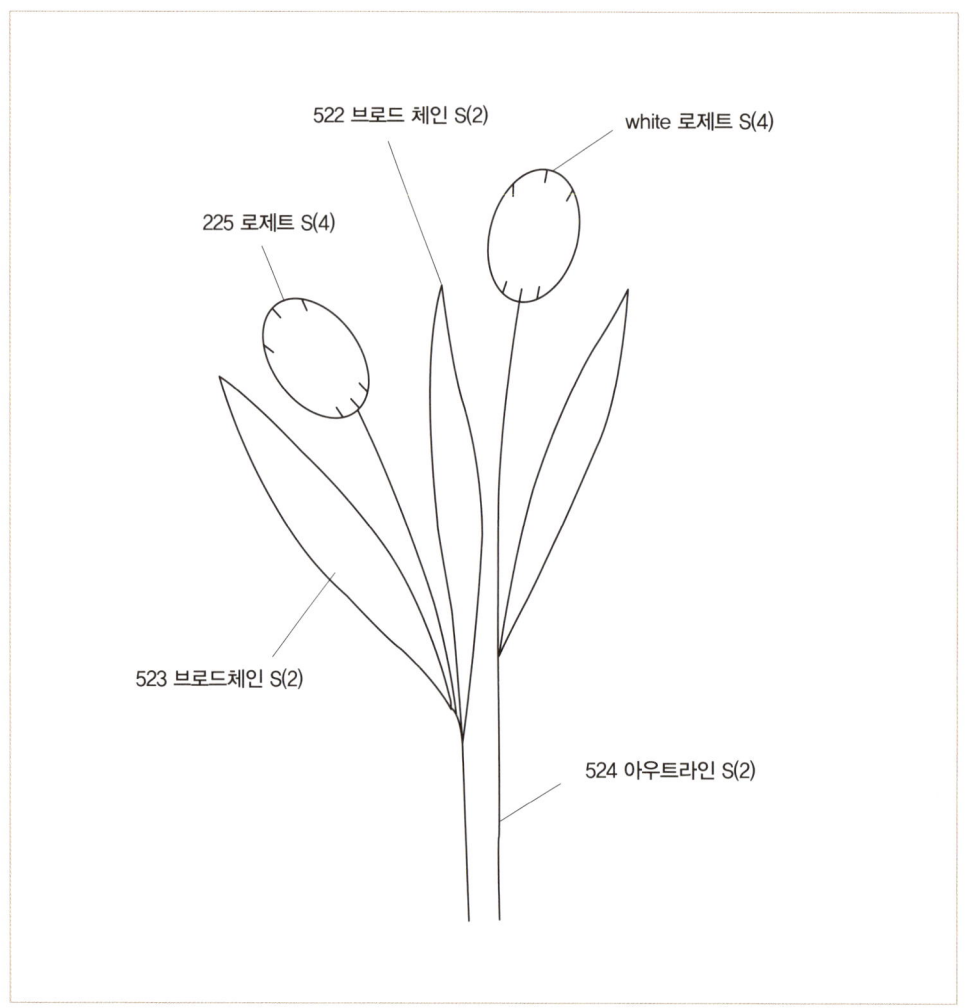

522 브로드 체인 S(2)

white 로제트 S(4)

225 로제트 S(4)

523 브로드체인 S(2)

524 아우트라인 S(2)

# 가든로즈 Garden rose

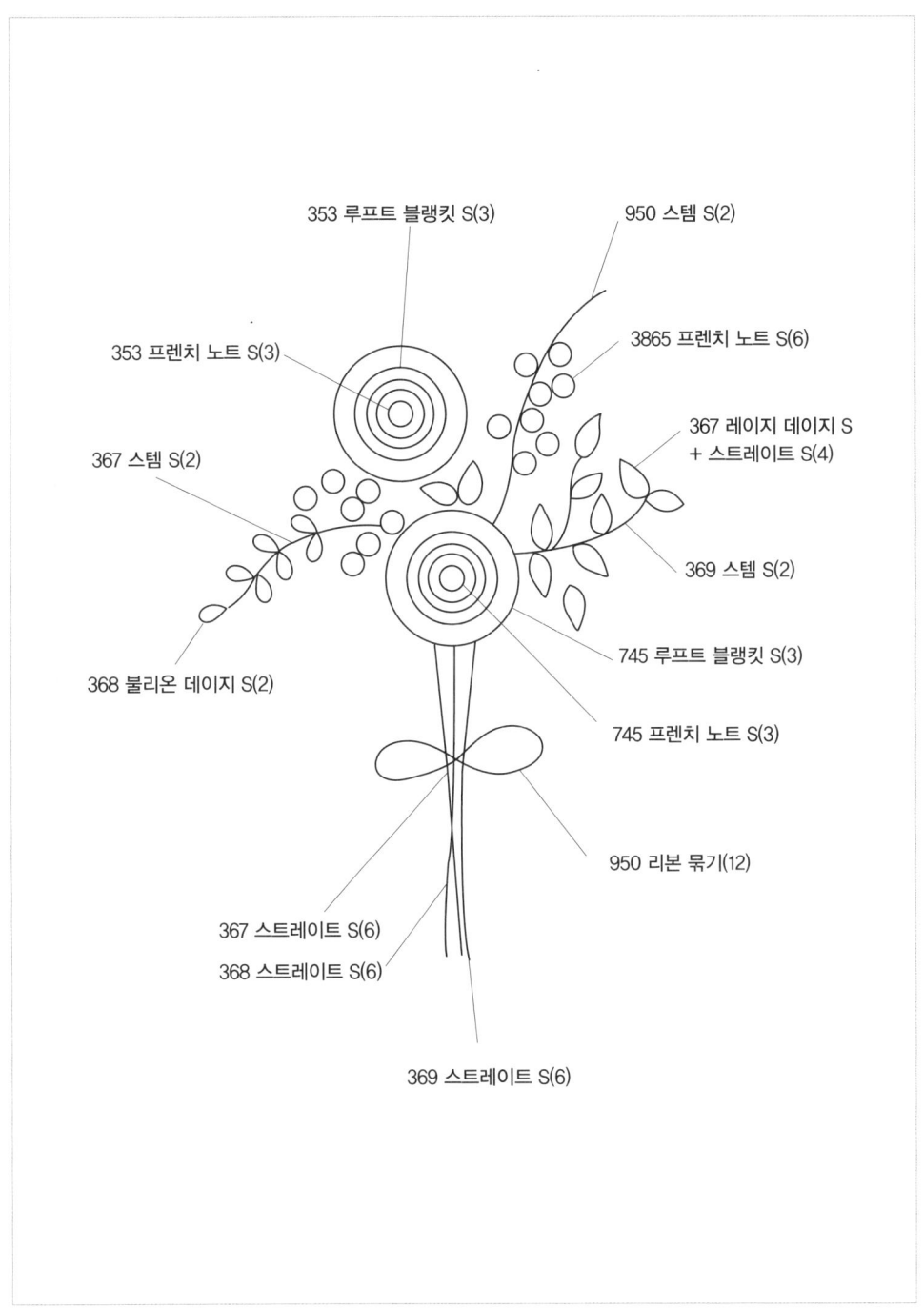

353 루프트 블랭킷 S(3)

950 스템 S(2)

353 프렌치 노트 S(3)

3865 프렌치 노트 S(6)

367 레이지 데이지 S
+ 스트레이트 S(4)

367 스템 S(2)

369 스템 S(2)

745 루프트 블랭킷 S(3)

368 불리온 데이지 S(2)

745 프렌치 노트 S(3)

950 리본 묶기(12)

367 스트레이트 S(6)

368 스트레이트 S(6)

369 스트레이트 S(6)

# 리시안셔스 Lisianthus

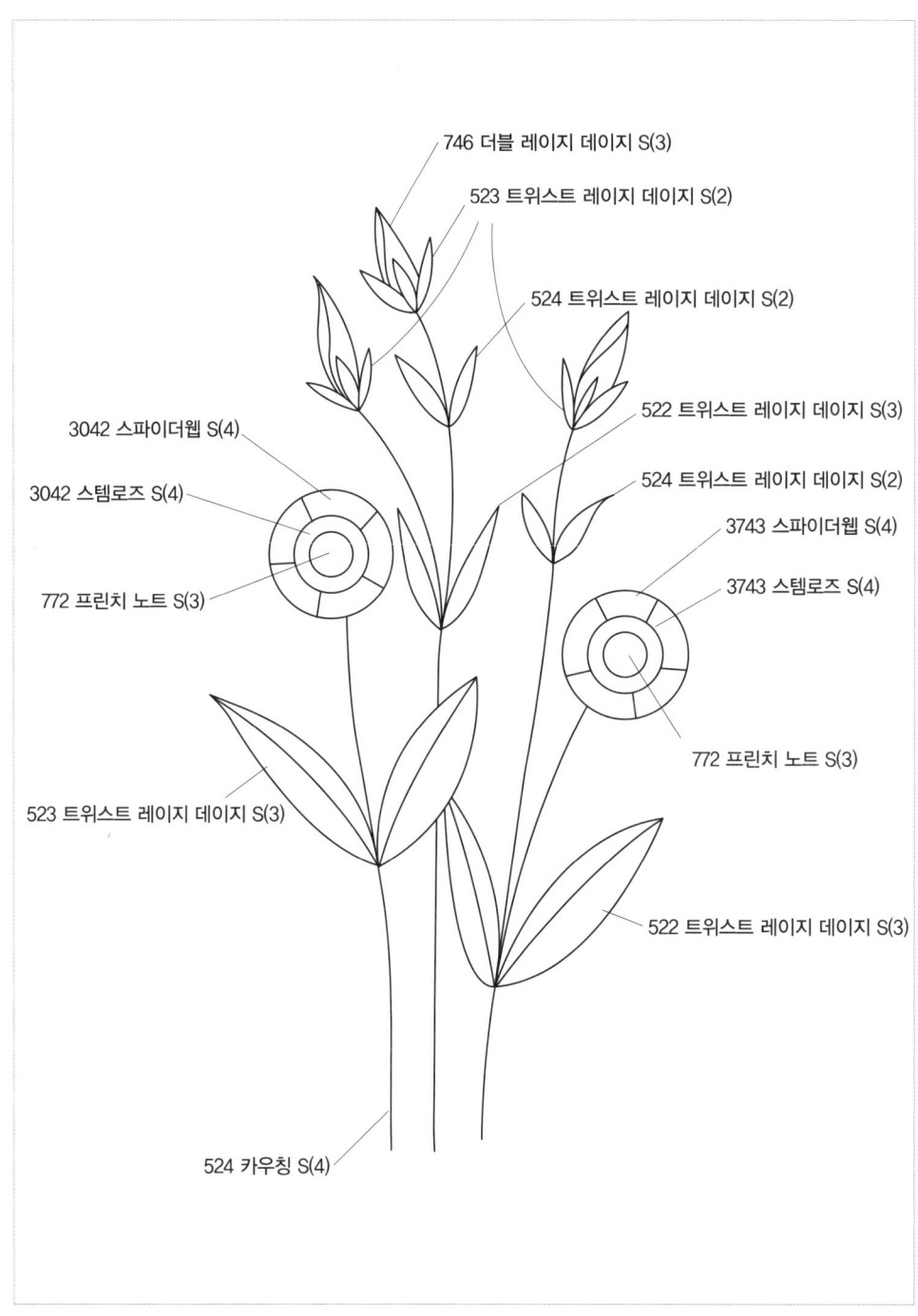

746 더블 레이지 데이지 S(3)

523 트위스트 레이지 데이지 S(2)

524 트위스트 레이지 데이지 S(2)

522 트위스트 레이지 데이지 S(3)

524 트위스트 레이지 데이지 S(2)

3042 스파이더웹 S(4)

3042 스템로즈 S(4)

3743 스파이더웹 S(4)

3743 스템로즈 S(4)

772 프린치 노트 S(3)

772 프린치 노트 S(3)

523 트위스트 레이지 데이지 S(3)

522 트위스트 레이지 데이지 S(3)

524 카우칭 S(4)

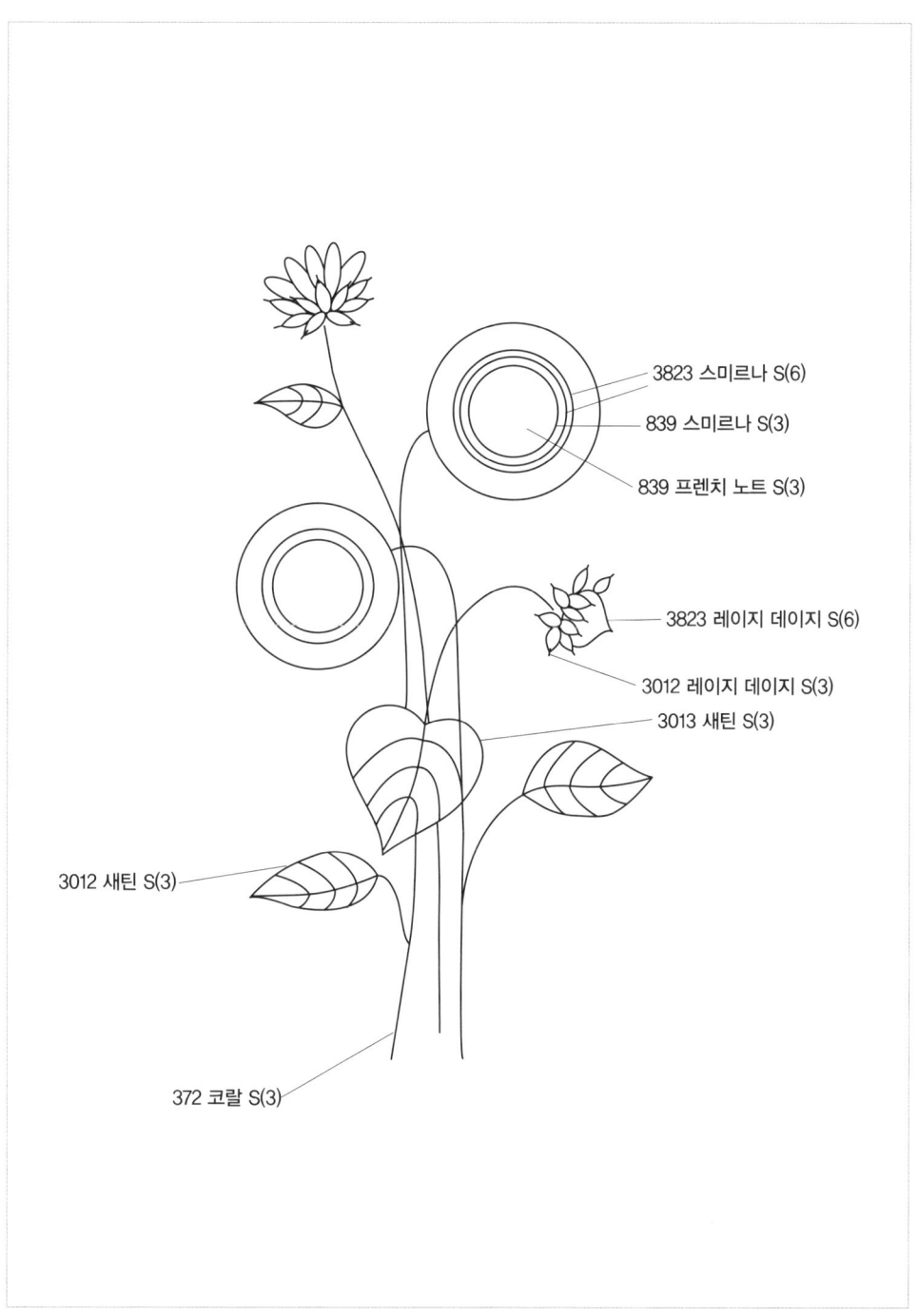

3823 스미르나 S(6)

839 스미르나 S(3)

839 프렌치 노트 S(3)

3823 레이지 데이지 S(6)

3012 레이지 데이지 S(3)

3013 새틴 S(3)

3012 새틴 S(3)

372 코랄 S(3)

## 달리아 Dahlia

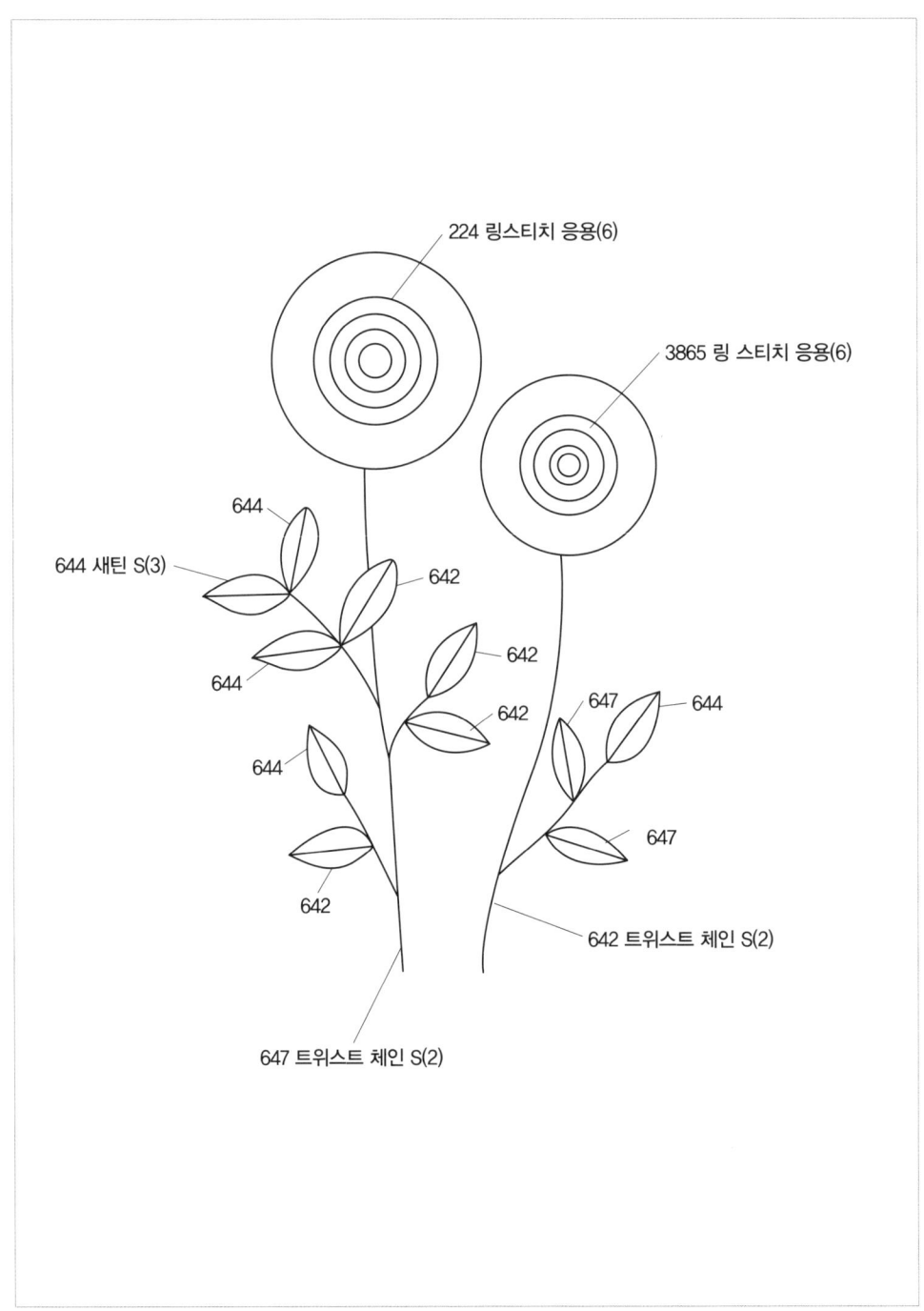

224 링스티치 응용(6)

3865 링 스티치 응용(6)

644

644 새틴 S(3)

642

644

642

642

644

642

647

644

647

642

642 트위스트 체인 S(2)

647 트위스트 체인 S(2)

# 잉글리시 로즈 English rose

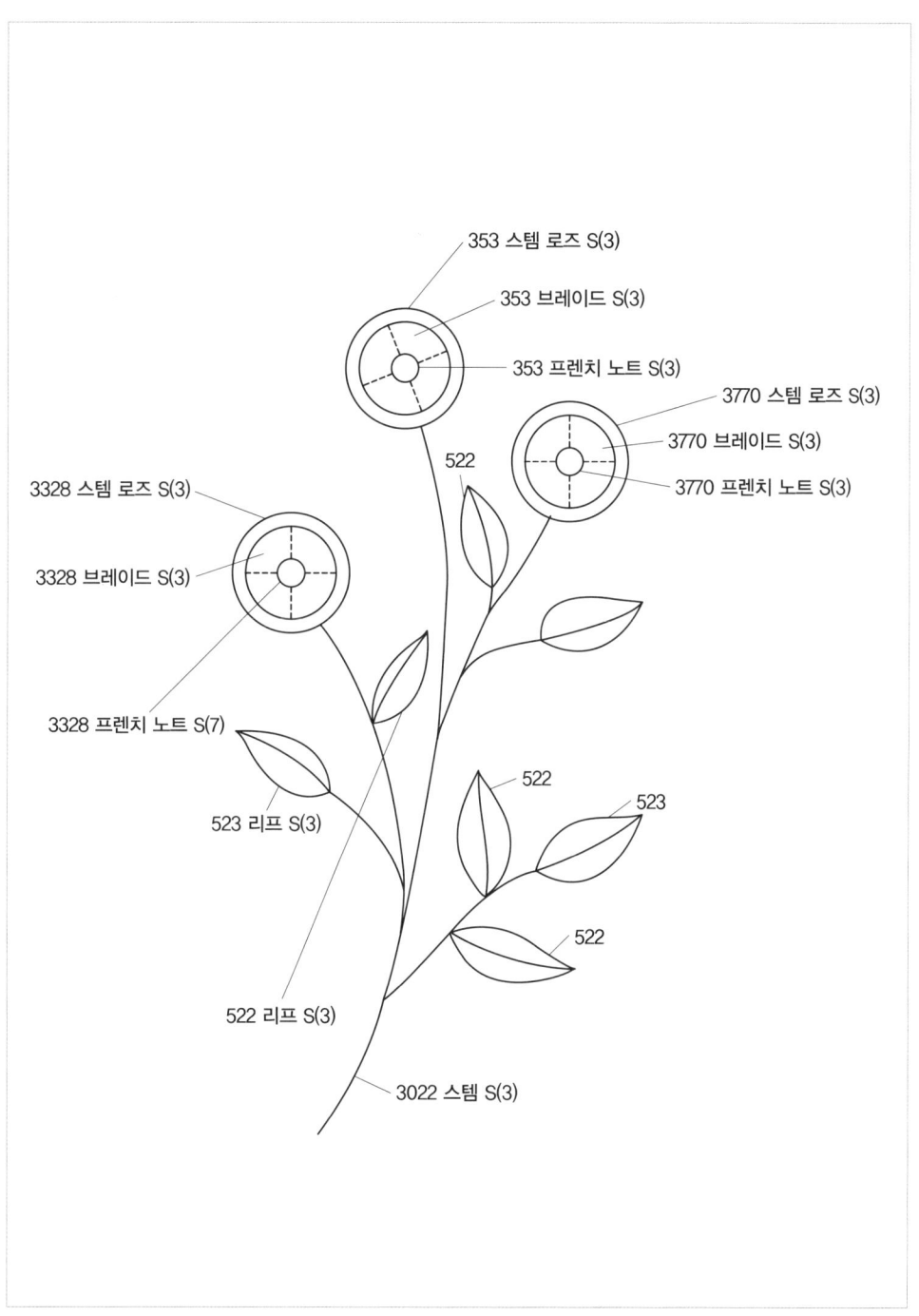

353 스템 로즈 S(3)

353 브레이드 S(3)

353 프렌치 노트 S(3)

3770 스템 로즈 S(3)

3770 브레이드 S(3)

3770 프렌치 노트 S(3)

522

3328 스템 로즈 S(3)

3328 브레이드 S(3)

3328 프렌치 노트 S(7)

523 리프 S(3)

522

523

522

522 리프 S(3)

3022 스템 S(3)

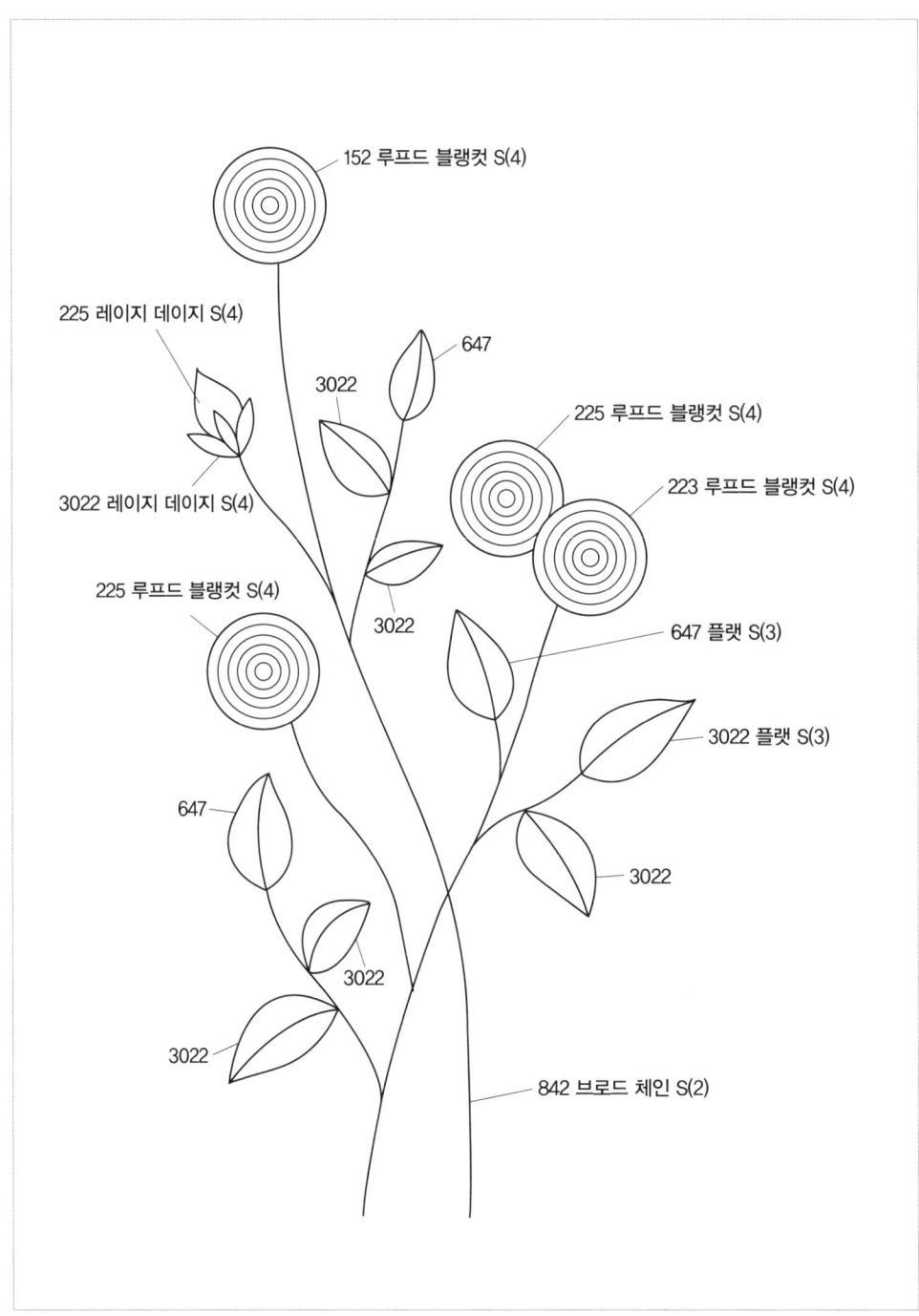

152 루프드 블랭컷 S(4)

225 레이지 데이지 S(4)

647

3022

225 루프드 블랭컷 S(4)

223 루프드 블랭컷 S(4)

3022 레이지 데이지 S(4)

3022

647 플랫 S(3)

225 루프드 블랭컷 S(4)

3022 플랫 S(3)

647

3022

3022

3022

3022

842 브로드 체인 S(2)

# 비올라 Viola

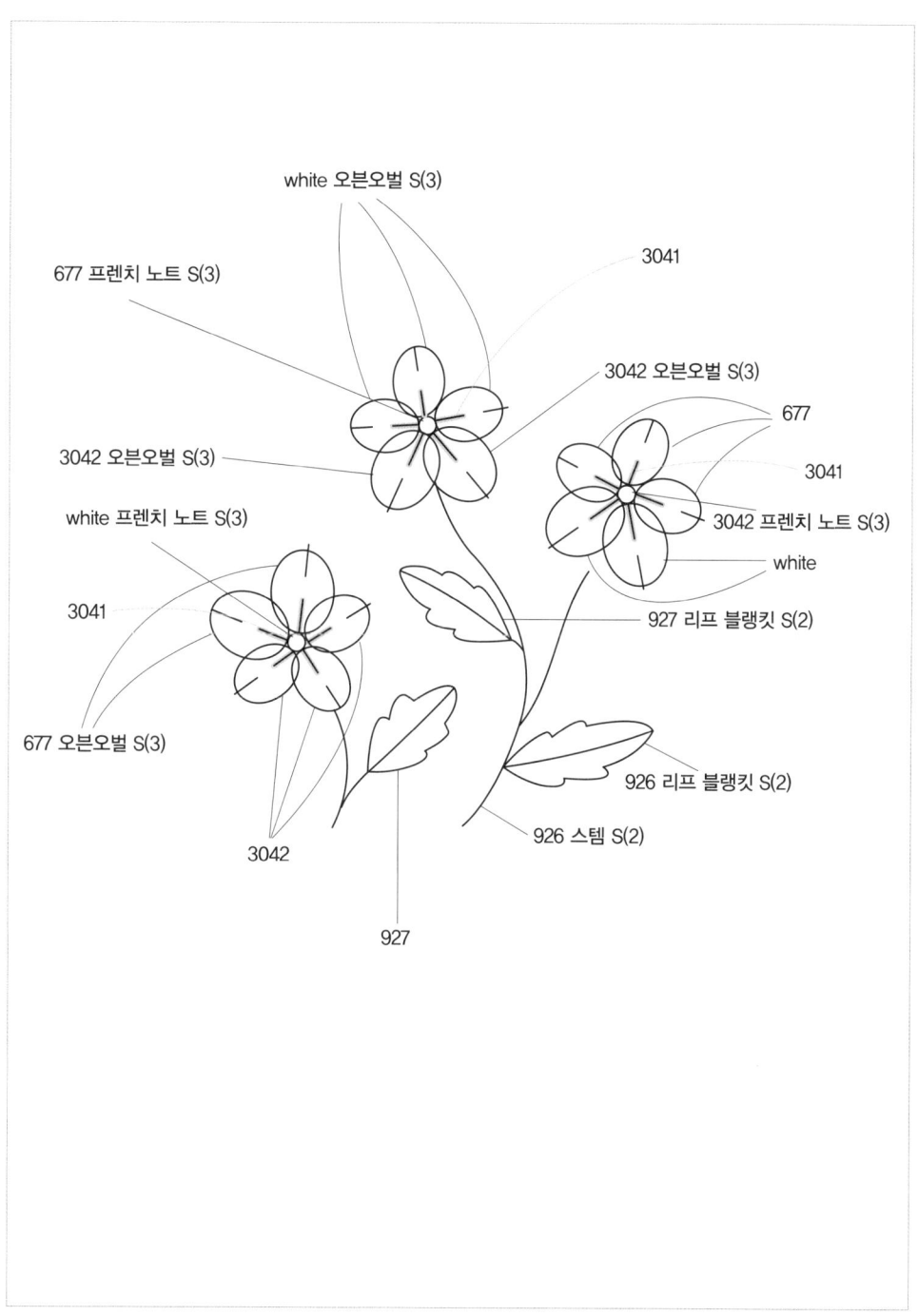

white 오븐오벌 S(3)

677 프렌치 노트 S(3)

3041

3042 오븐오벌 S(3)

677

3042 오븐오벌 S(3)

3041

white 프렌치 노트 S(3)

3042 프렌치 노트 S(3)

white

3041

927 리프 블랭킷 S(2)

677 오븐오벌 S(3)

926 리프 블랭킷 S(2)

926 스템 S(2)

3042

927

# 카네이션 Carnation

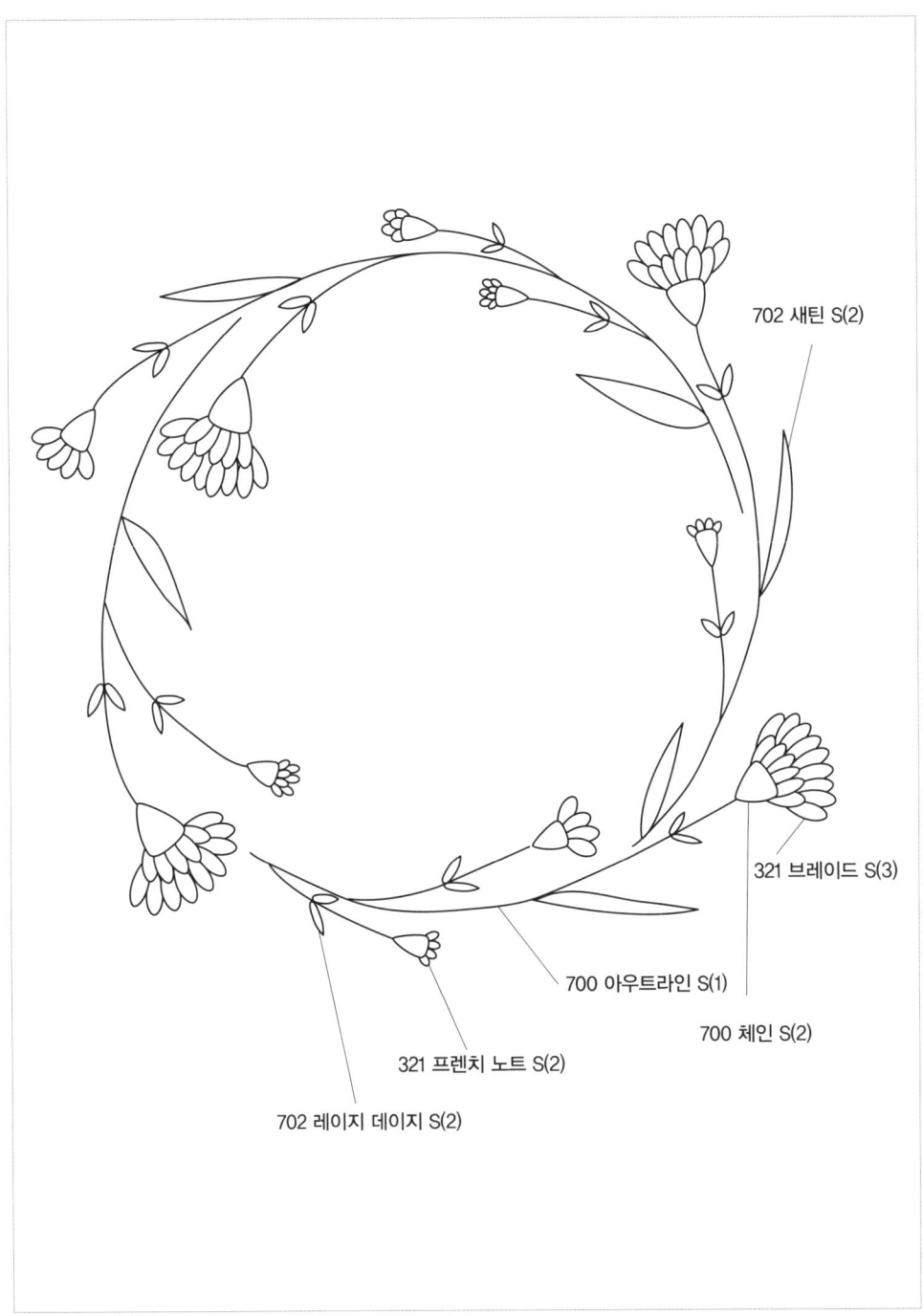

702 새틴 S(2)

321 브레이드 S(3)

700 아우트라인 S(1)

700 체인 S(2)

321 프렌치 노트 S(2)

702 레이지 데이지 S(2)

# 개양귀비 Poppy

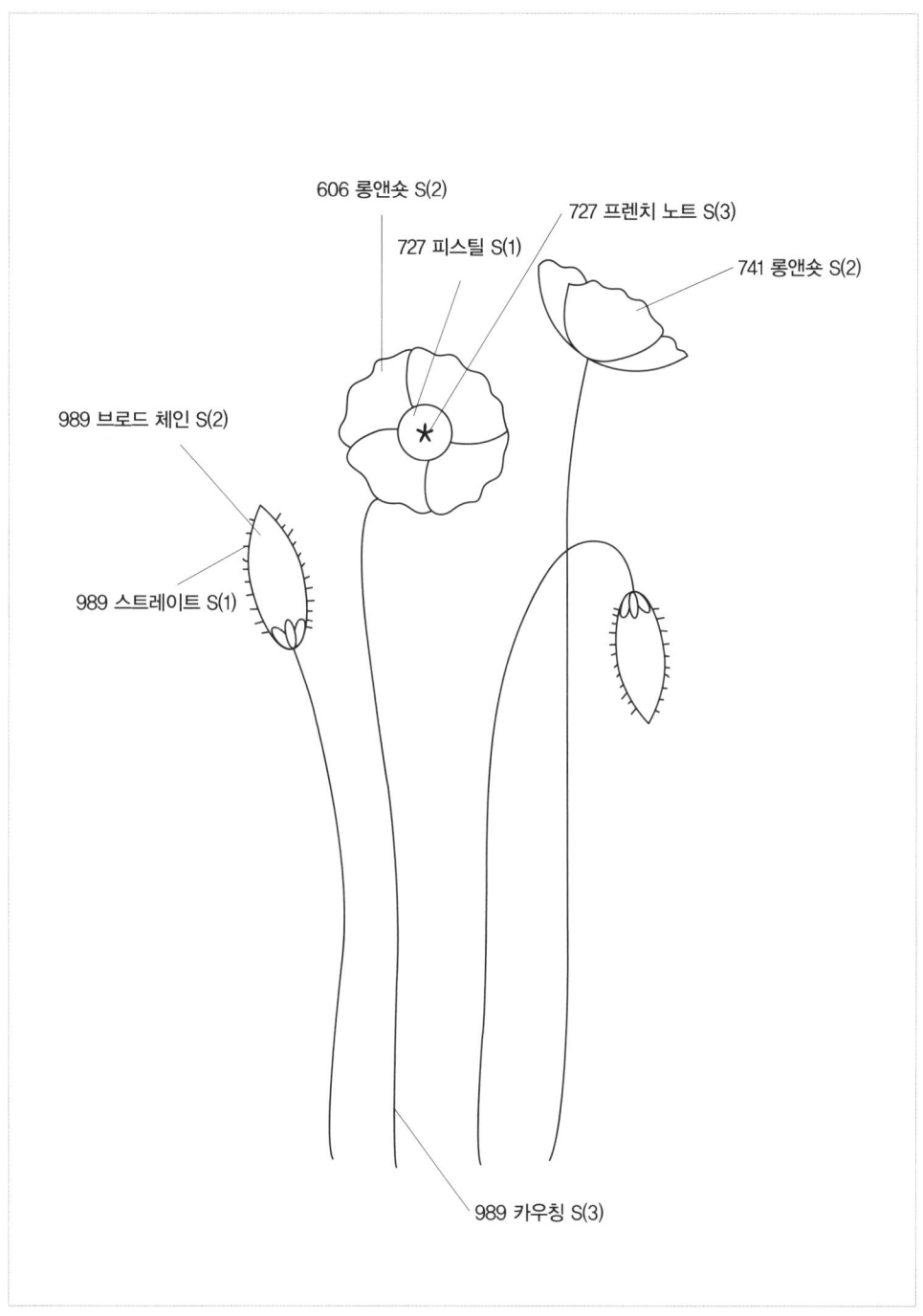

606 롱앤숏 S(2)

727 피스틸 S(1)

727 프렌치 노트 S(3)

741 롱앤숏 S(2)

989 브로드 체인 S(2)

989 스트레이트 S(1)

989 카우칭 S(3)

## 루드베키아 Cone flower

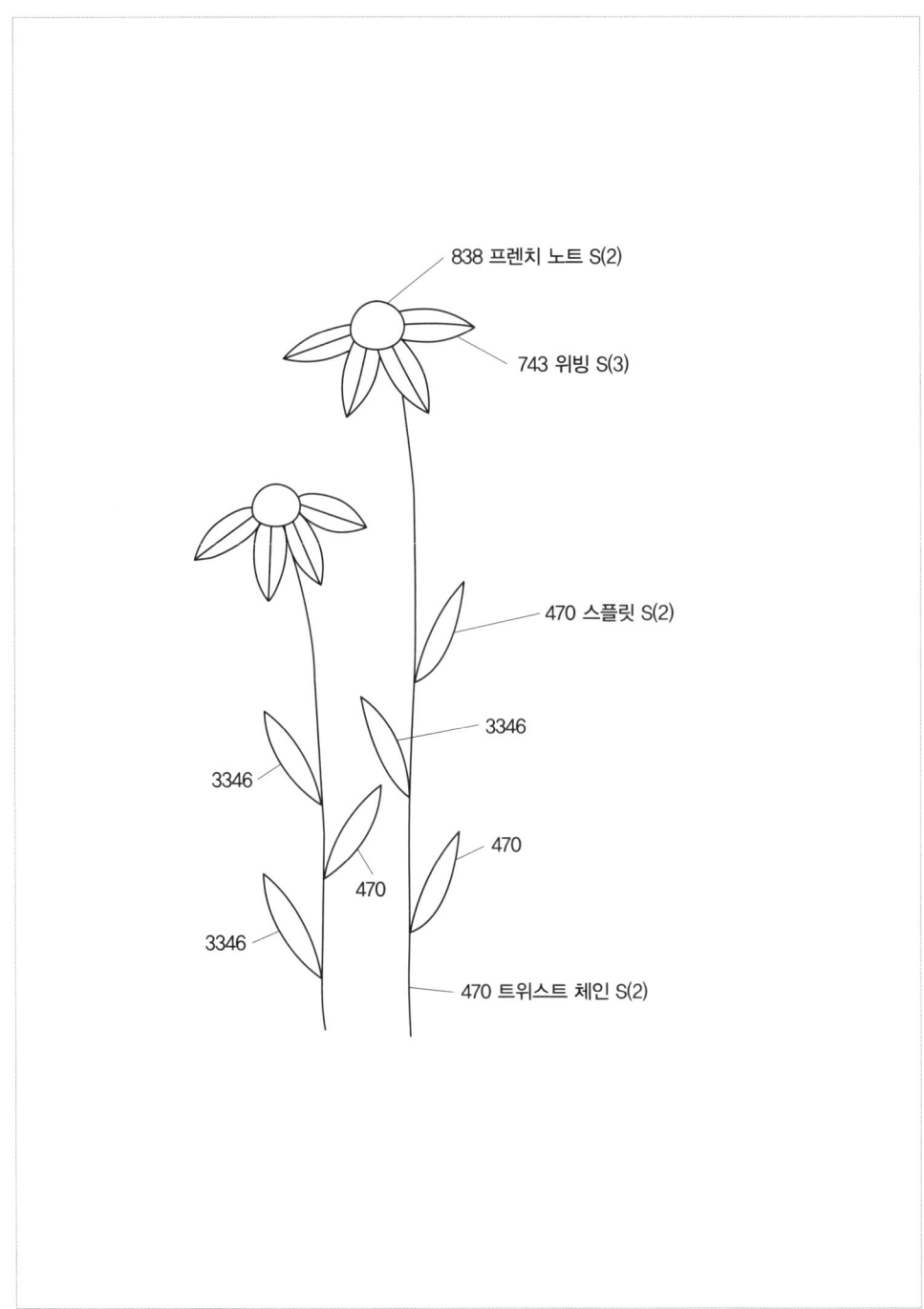

838 프렌치 노트 S(2)

743 위빙 S(3)

470 스플릿 S(2)

3346

3346

470

470

3346

470 트위스트 체인 S(2)

## 폼폰 국화 Pompon mum

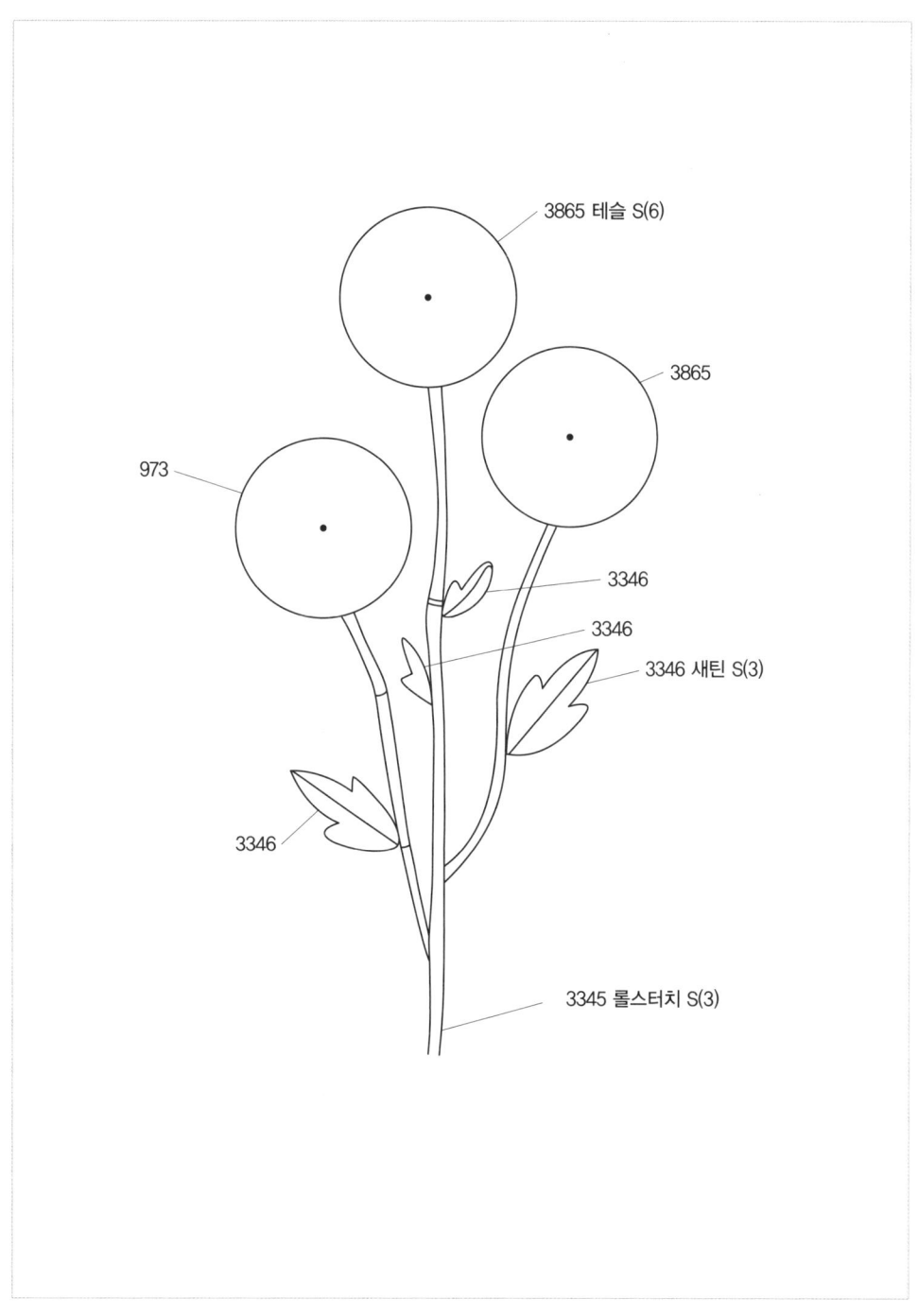

3865 테슬 S(6)

3865

973

3346

3346

3346 새틴 S(3)

3346

3345 롤스터치 S(3)

# 알리움 Allium

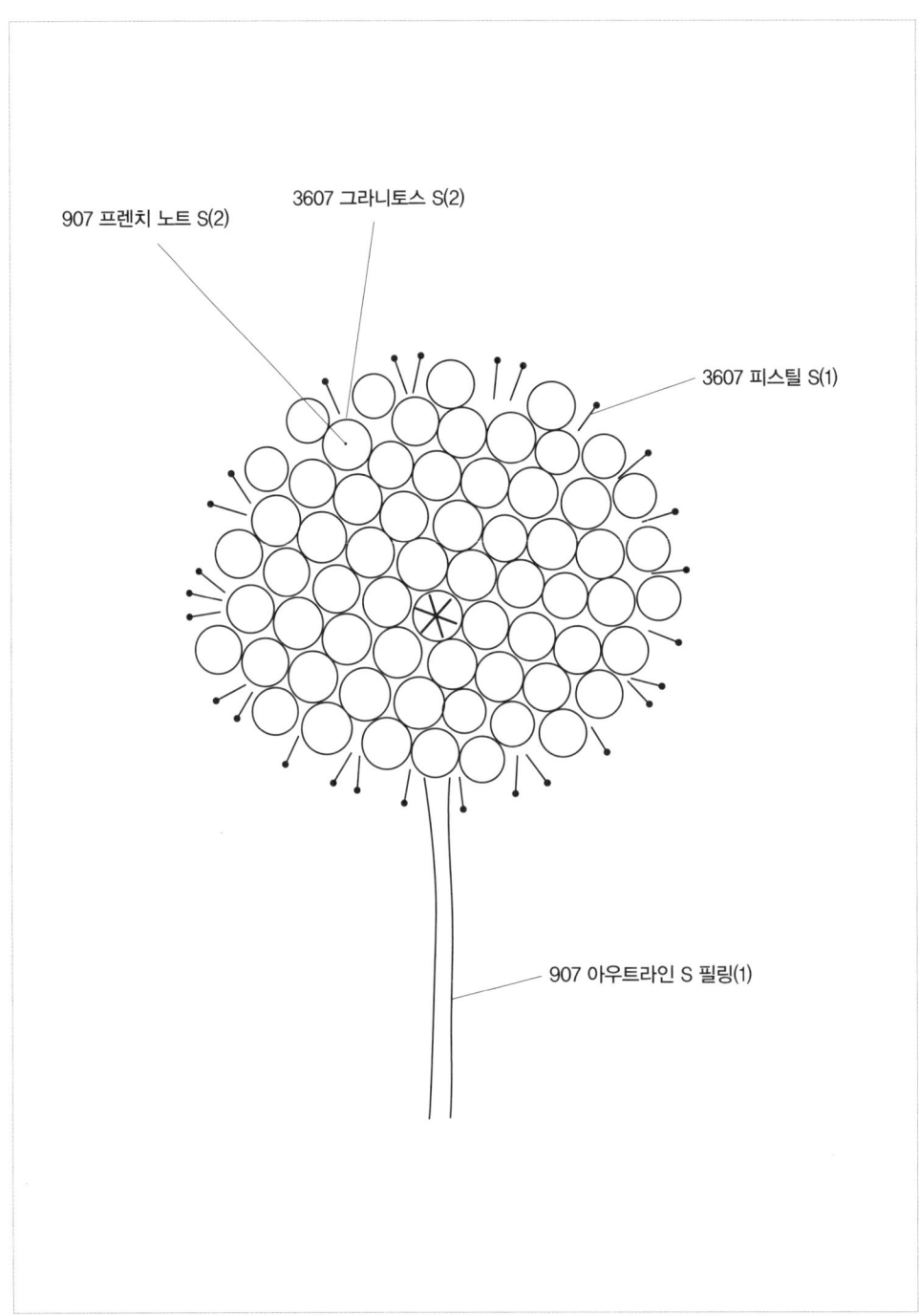

907 프렌치 노트 S(2)

3607 그라니토스 S(2)

3607 피스틸 S(1)

907 아우트라인 S 필링(1)

# 아네모네 Anemone

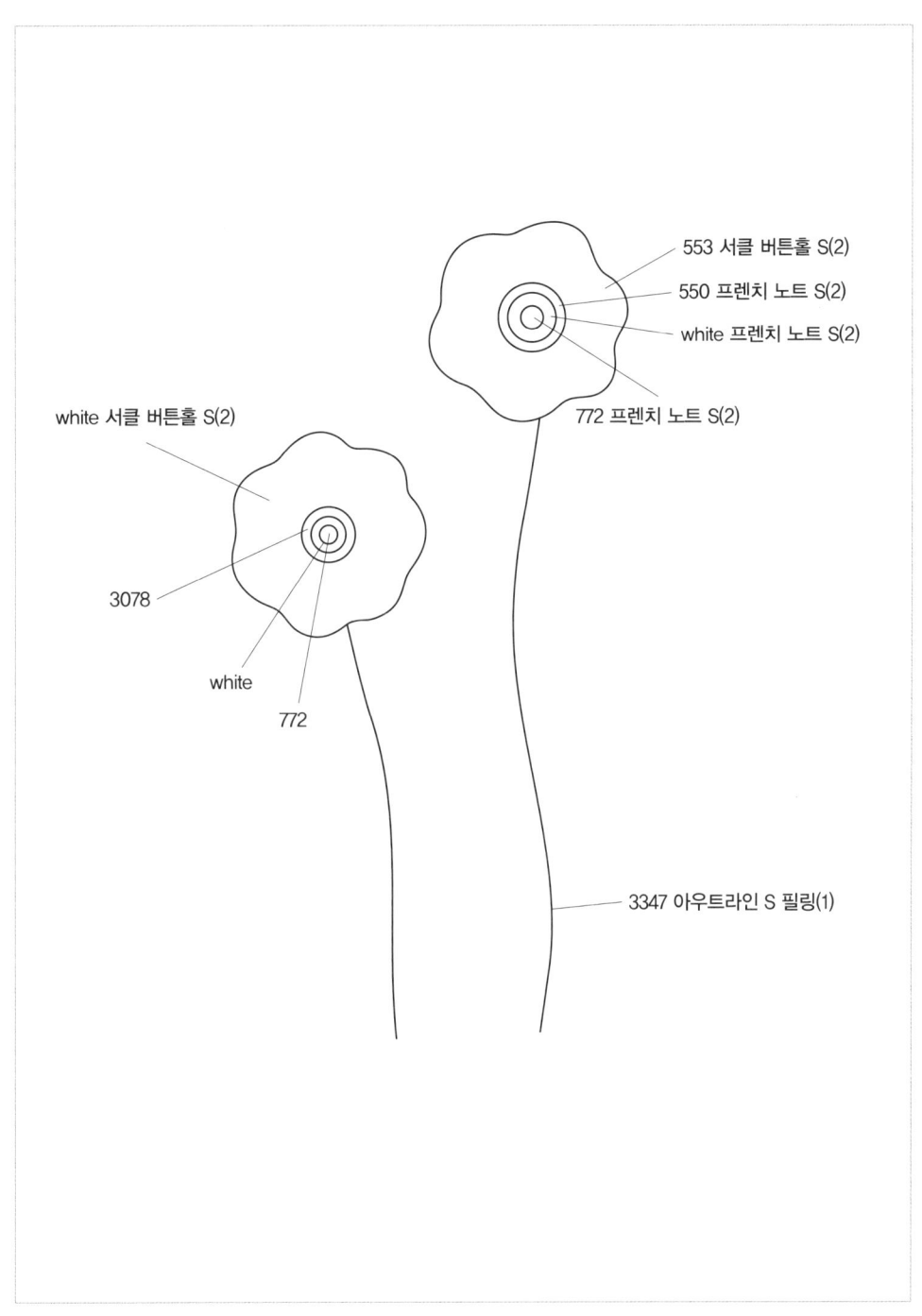

553 서클 버튼홀 S(2)

550 프렌치 노트 S(2)

white 프렌치 노트 S(2)

772 프렌치 노트 S(2)

white 서클 버튼홀 S(2)

3078

white

772

3347 아우트라인 S 필링(1)

# 라넌큘러스 Ranunculus

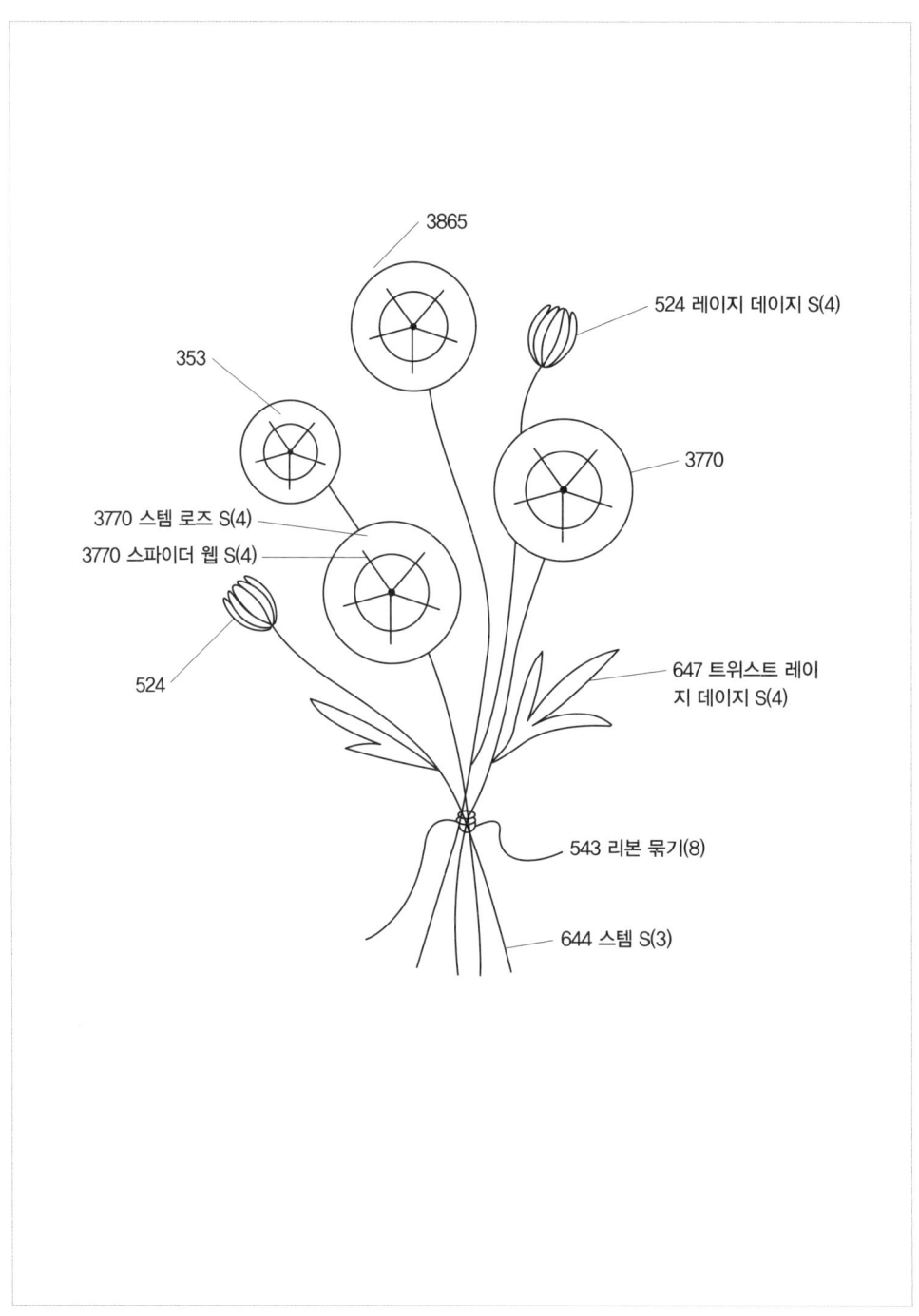

3865

524 레이지 데이지 S(4)

353

3770

3770 스템 로즈 S(4)

3770 스파이더 웹 S(4)

647 트위스트 레이지 데이지 S(4)

524

543 리본 묶기(8)

644 스템 S(3)

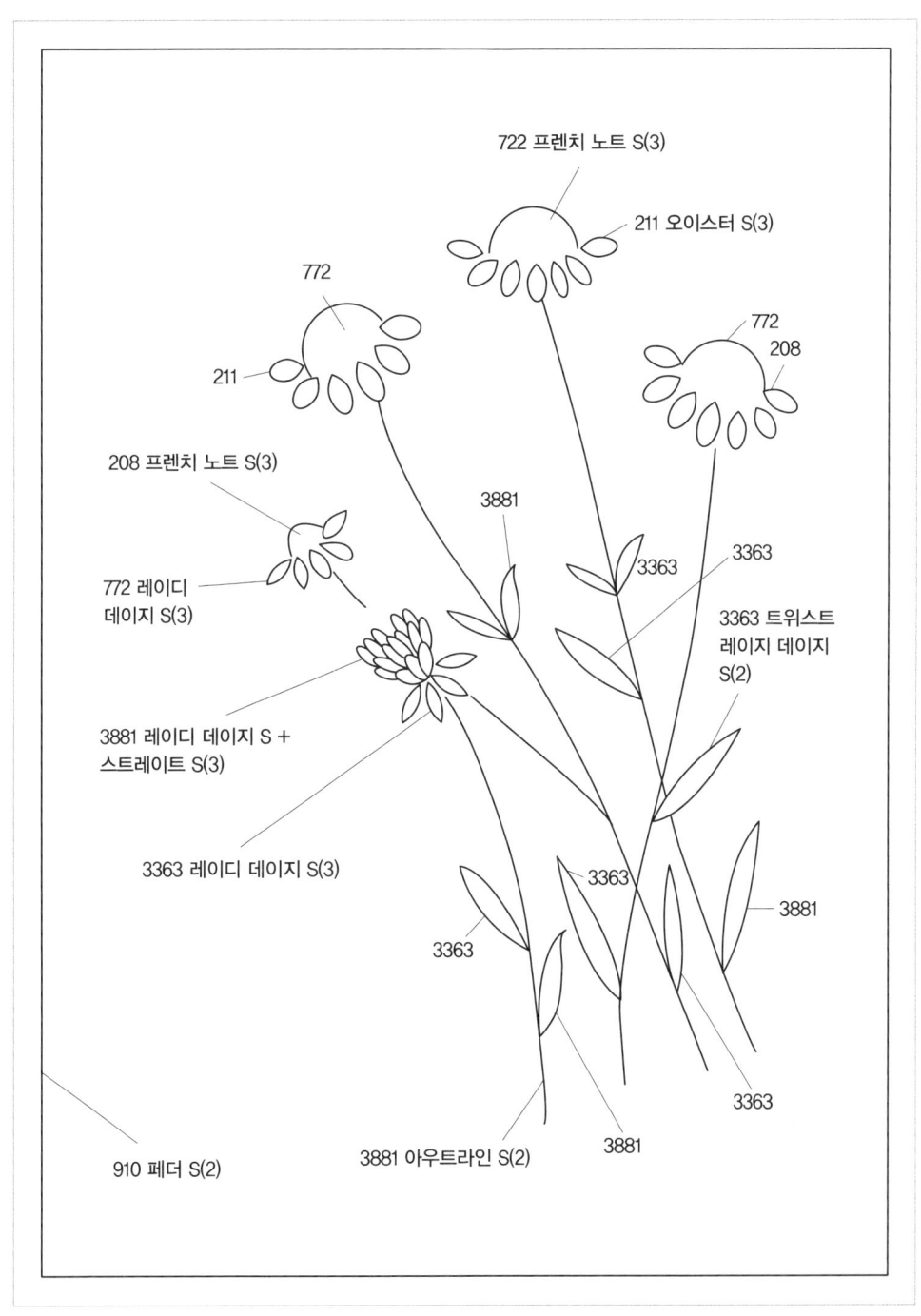

722 프렌치 노트 S(3)

211 오이스터 S(3)

772

211

208 프렌치 노트 S(3)

772 레이디
데이지 S(3)

3881 레이디 데이지 S +
스트레이트 S(3)

3363 레이디 데이지 S(3)

910 페더 S(2)

3881

772

208

3363

3363

3363 트위스트
레이지 데이지
S(2)

3363

3363

3881

3363

3881 아우트라인 S(2)

3881

## 아마꽃 Flax

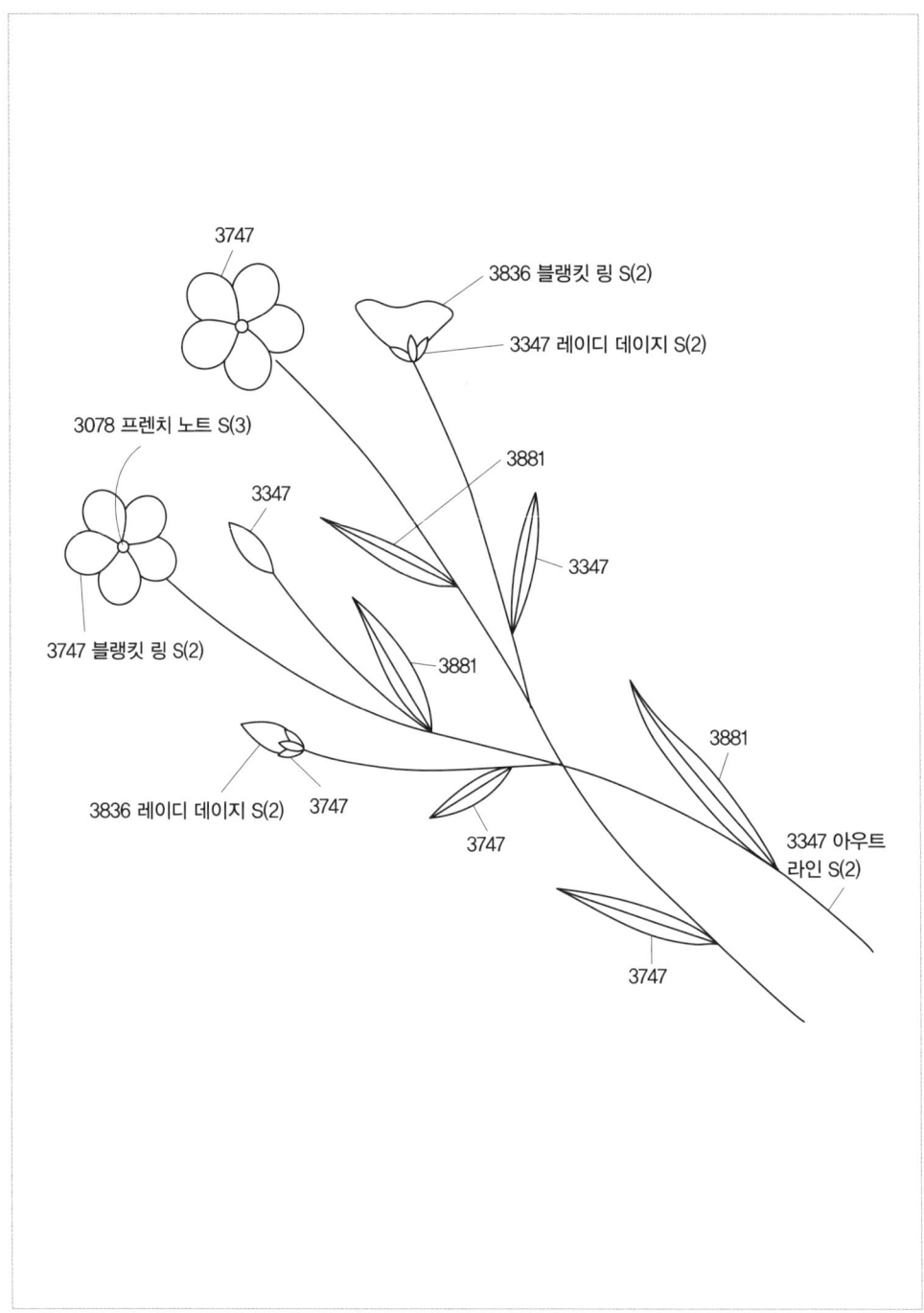

3747

3836 블랭킷 링 S(2)

3347 레이디 데이지 S(2)

3078 프렌치 노트 S(3)

3347

3881

3881

3347

3747 블랭킷 링 S(2)

3881

3836 레이디 데이지 S(2)  3747

3347 아우트
라인 S(2)

3747

3747

# 꽃마리 Trigonotis peduncularis

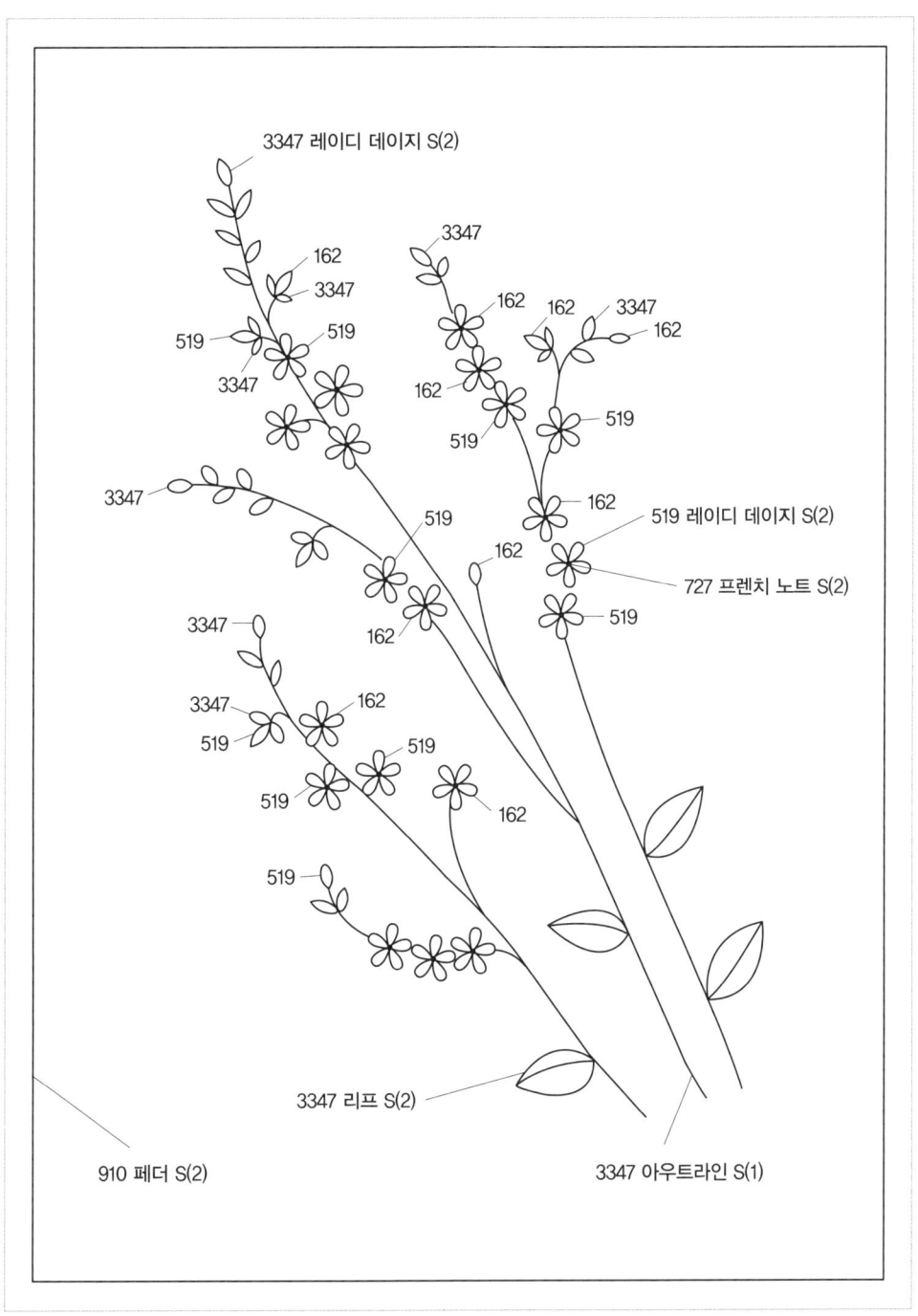

3347 레이디 데이지 S(2)

162
3347
519
519
3347

3347

3347
519
3347
519
519
519

3347

3347
162
162
162
3347
162

162
519

162

519
519

162

519

162
162
519 레이디 데이지 S(2)
727 프렌치 노트 S(2)
519

162

3347 리프 S(2)

910 페더 S(2)

3347 아우트라인 S(1)

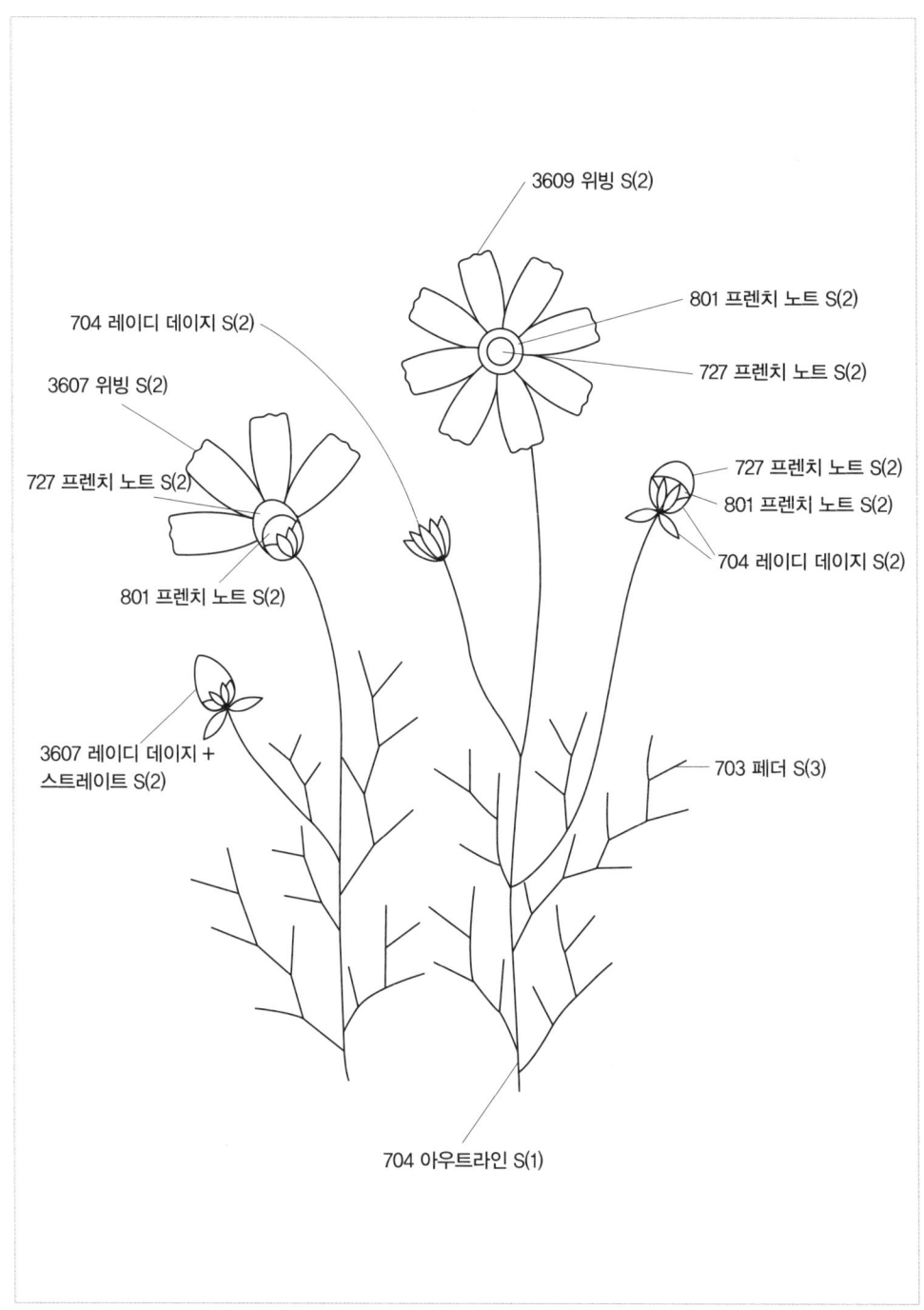

3609 위빙 S(2)

801 프렌치 노트 S(2)

727 프렌치 노트 S(2)

704 레이디 데이지 S(2)

3607 위빙 S(2)

727 프렌치 노트 S(2)

801 프렌치 노트 S(2)

727 프렌치 노트 S(2)

801 프렌치 노트 S(2)

704 레이디 데이지 S(2)

703 페더 S(3)

3607 레이디 데이지 +
스트레이트 S(2)

704 아웃라인 S(1)

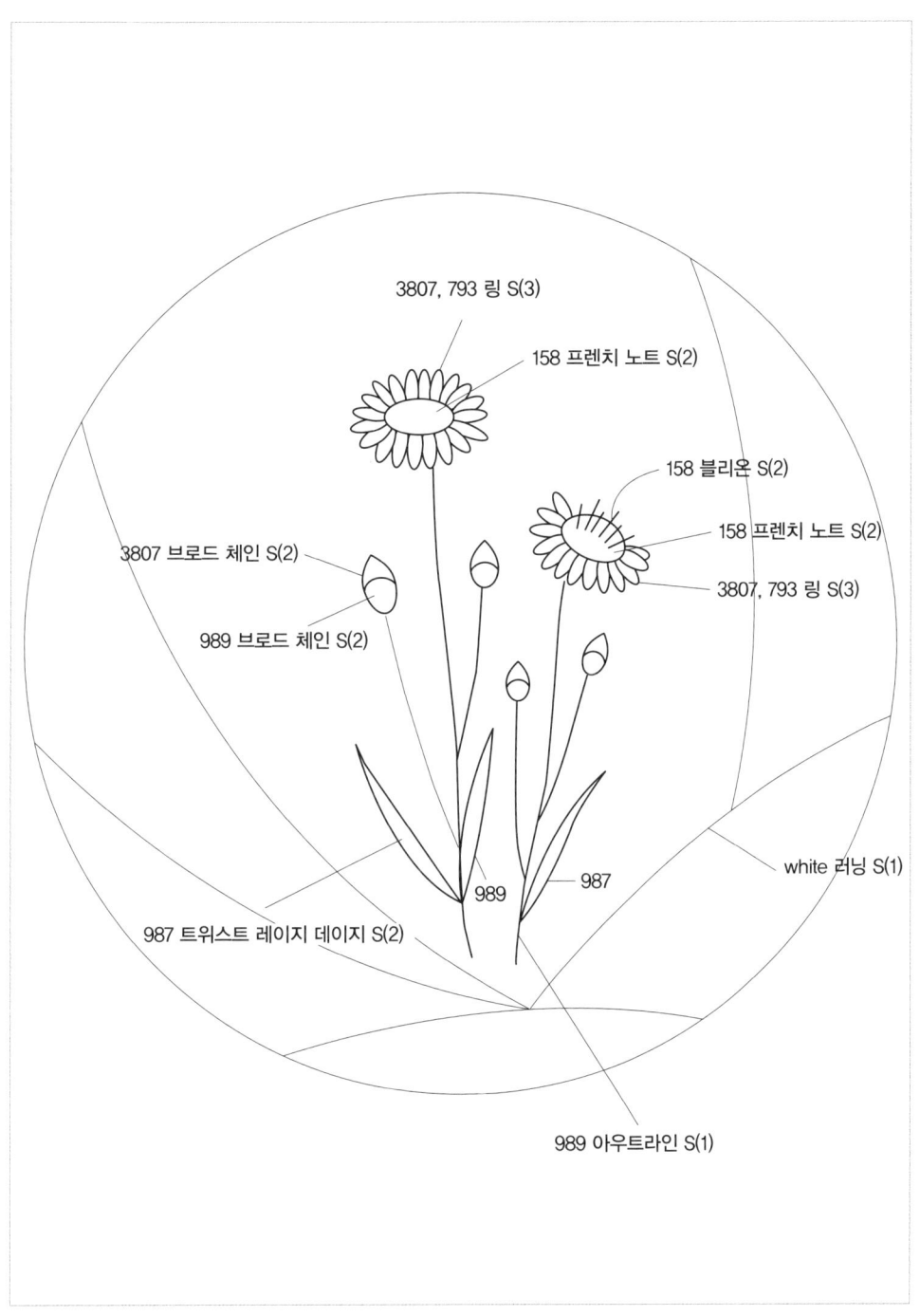

3807, 793 링 S(3)

158 프렌치 노트 S(2)

158 블리온 S(2)

158 프렌치 노트 S(2)

3807 브로드 체인 S(2)

3807, 793 링 S(3)

989 브로드 체인 S(2)

989

987

white 러닝 S(1)

987 트위스트 레이지 데이지 S(2)

989 아웃라인 S(1)

# 가시엉겅퀴 visible Thistle

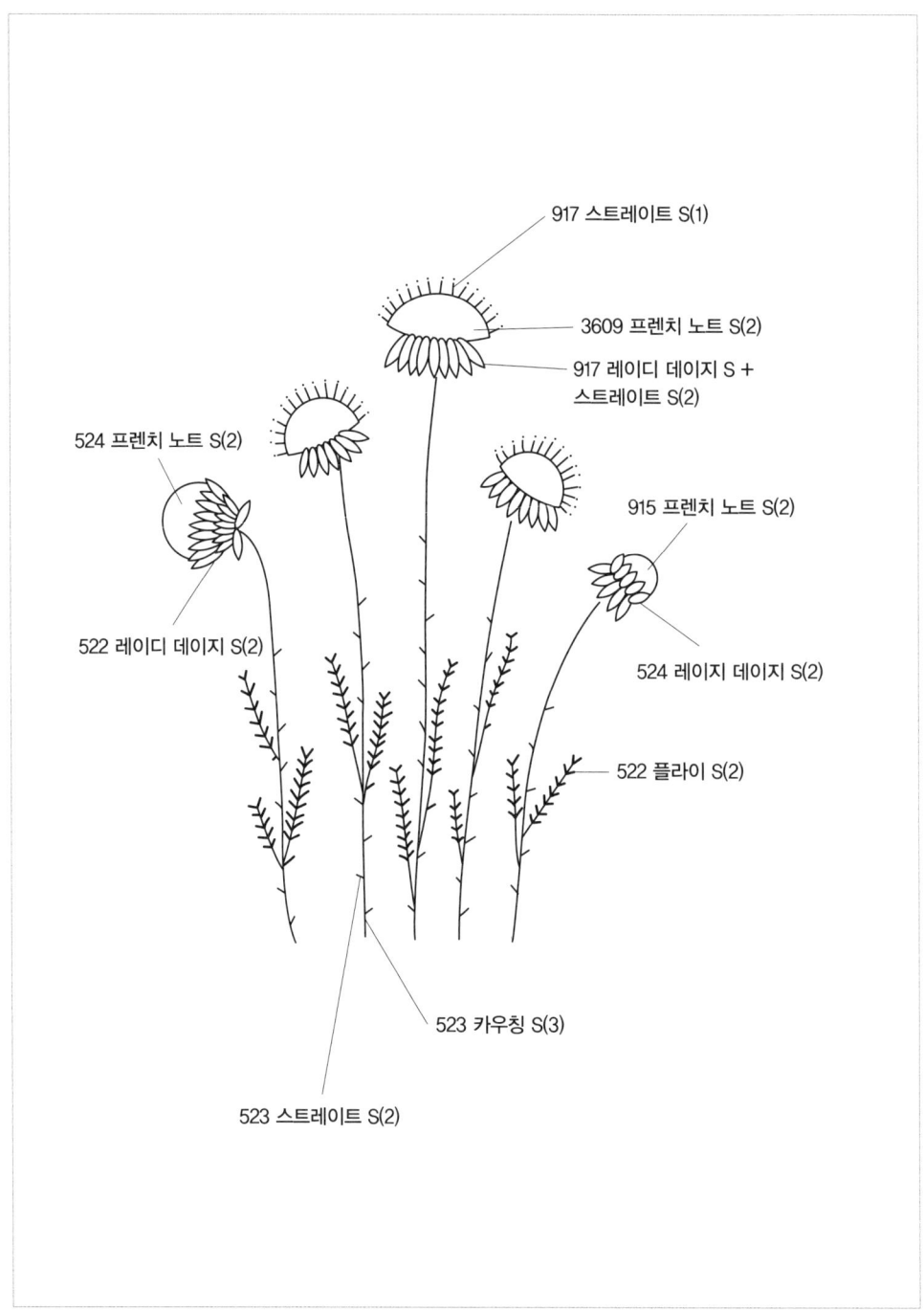

917 스트레이트 S(1)

3609 프렌치 노트 S(2)

917 레이디 데이지 S +
스트레이트 S(2)

524 프렌치 노트 S(2)

915 프렌치 노트 S(2)

522 레이디 데이지 S(2)

524 레이지 데이지 S(2)

522 플라이 S(2)

523 카우칭 S(3)

523 스트레이트 S(2)

# 카모마일 Chamomile

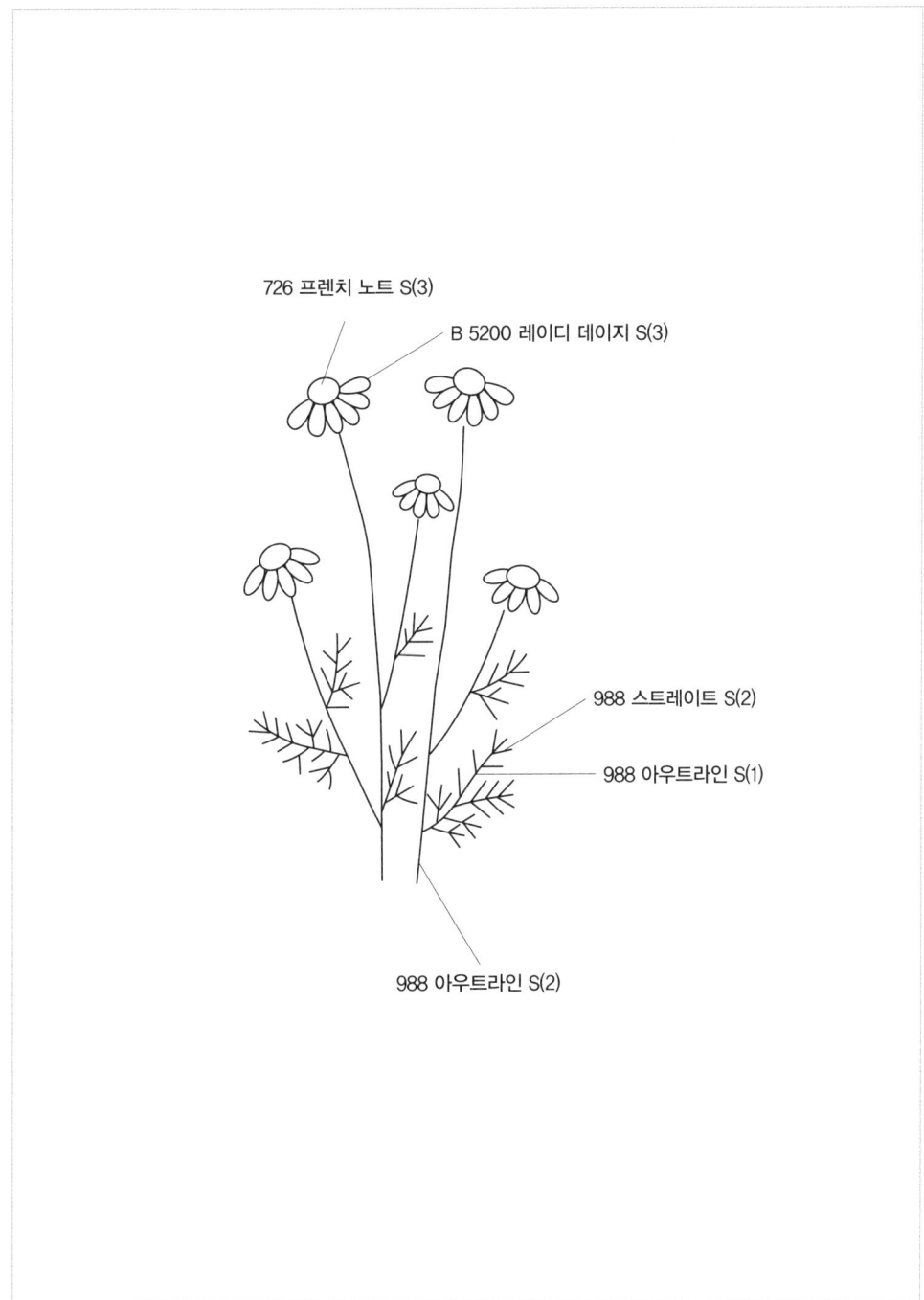

726 프렌치 노트 S(3)

B 5200 레이디 데이지 S(3)

988 스트레이트 S(2)

988 아우트라인 S(1)

988 아우트라인 S(2)

**토끼풀** White Clover

White 더블 레이지 데이지 S(2)

744 더블 레이지 데이지 S(2)

701 새틴 S(2)

White 스트레이트 S(1)

989 아웃트라인 S(2)

# 병아리꽃 Rhodotypos

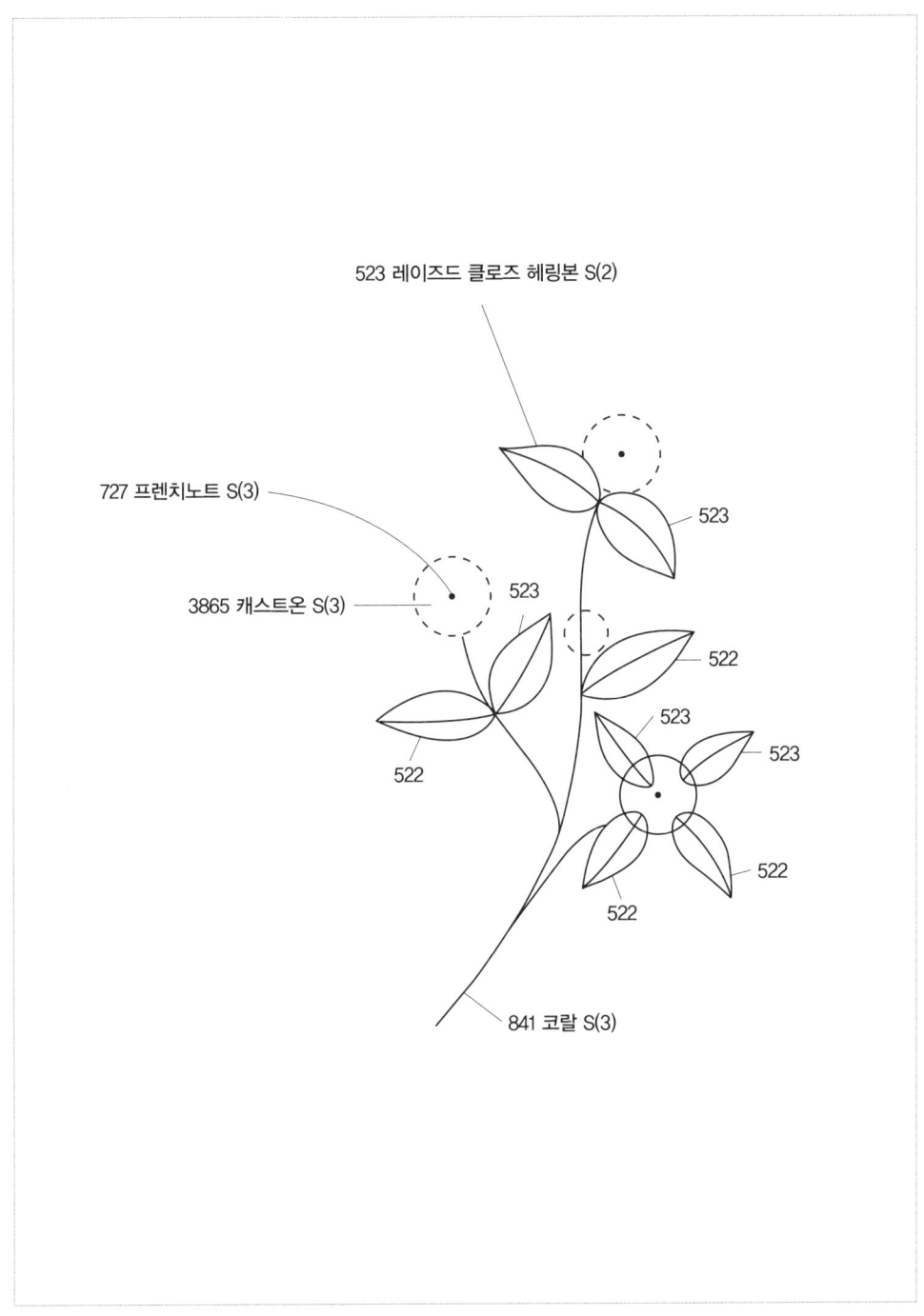

523 레이즈드 클로즈 헤링본 S(2)

727 프렌치노트 S(3)

3865 캐스트온 S(3)

523

523

522

522

523

522

523

522

522

841 코랄 S(3)

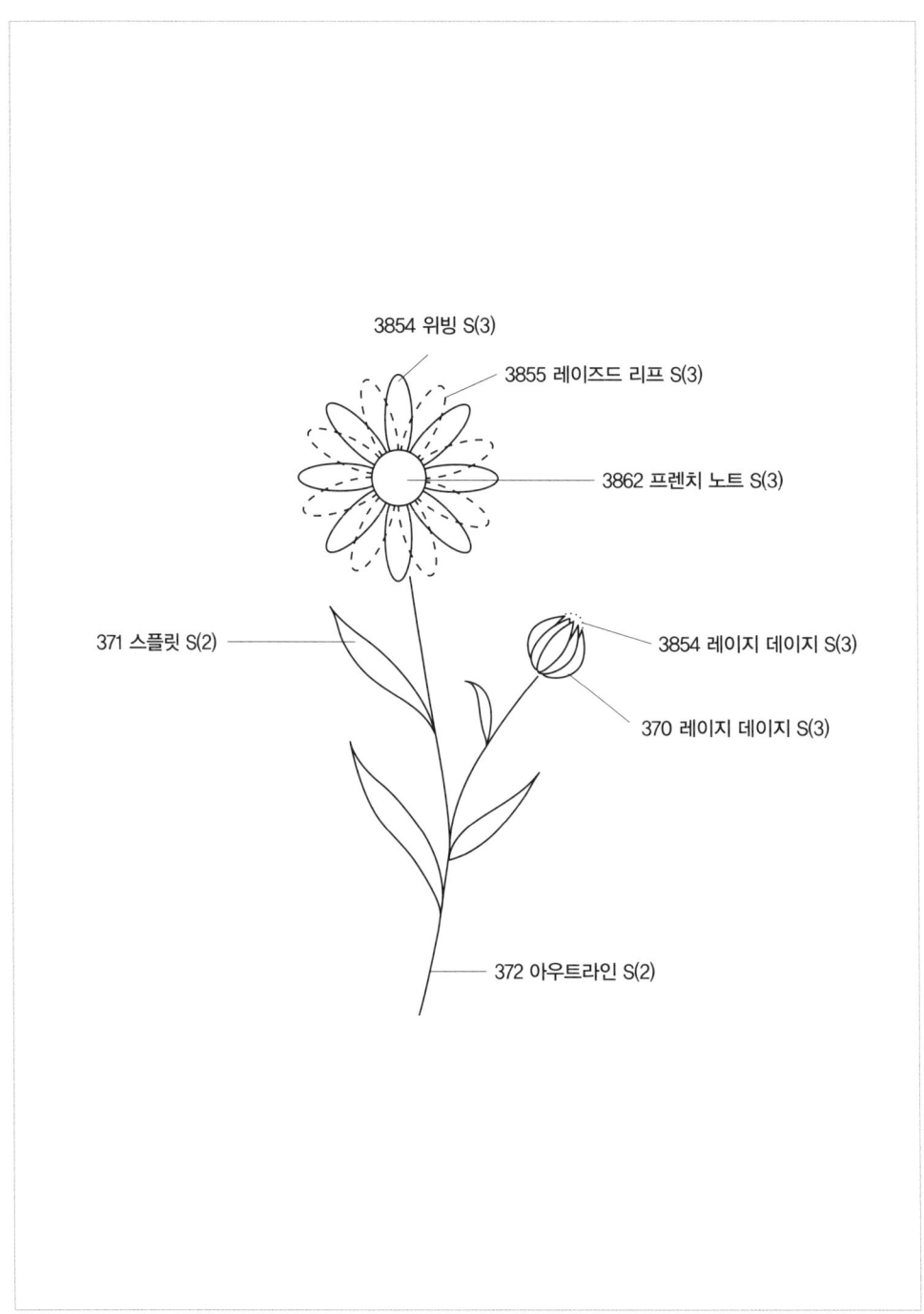

3854 위빙 S(3)

3855 레이즈드 리프 S(3)

3862 프렌치 노트 S(3)

371 스플릿 S(2)

3854 레이지 데이지 S(3)

370 레이지 데이지 S(3)

372 아웃라인 S(2)

# 커피나무꽃 Coffee Tree

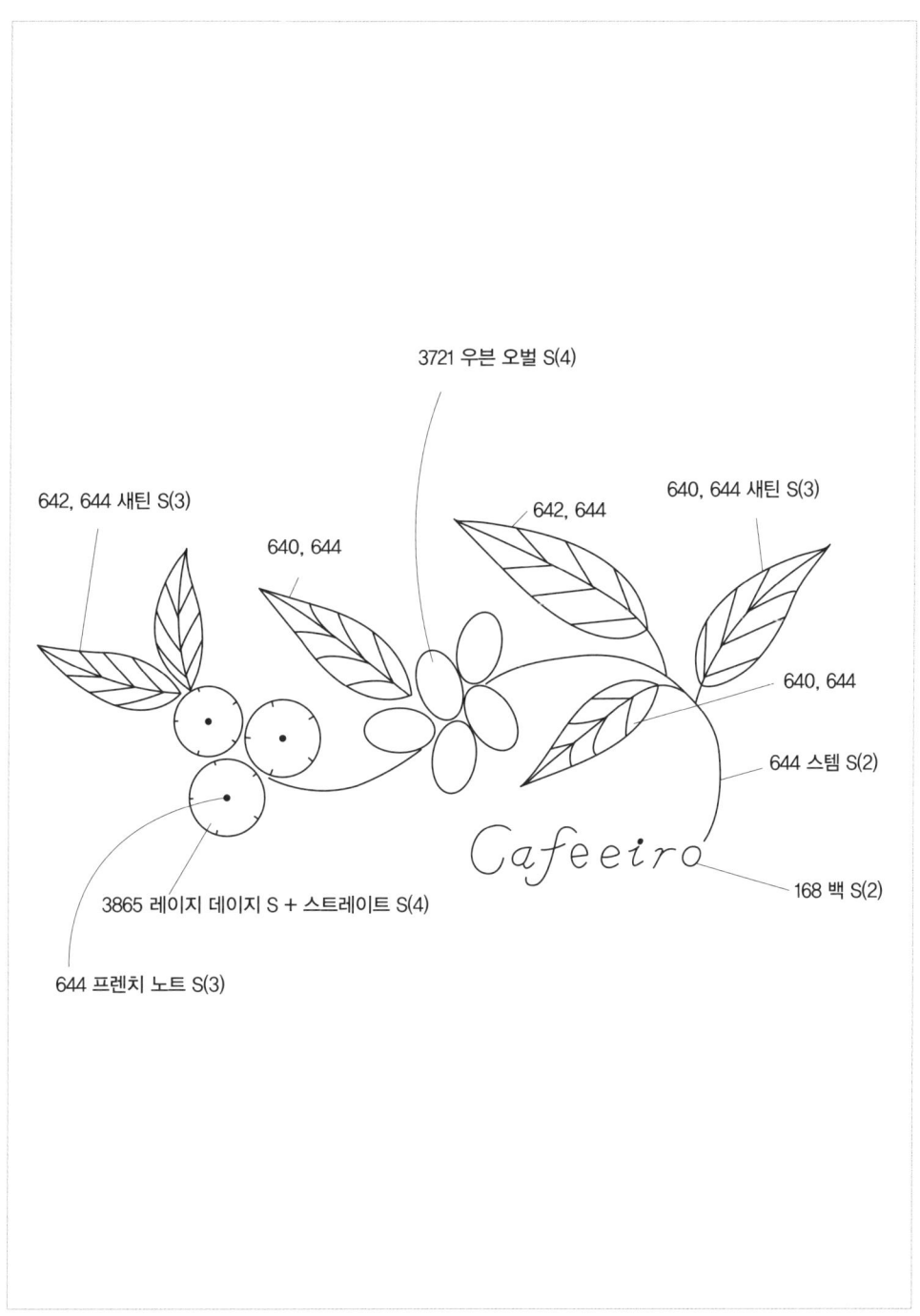

3721 우븐 오벌 S(4)

642, 644 새틴 S(3)

640, 644 새틴 S(3)

642, 644

640, 644

640, 644

644 스템 S(2)

168 백 S(2)

3865 레이지 데이지 S + 스트레이트 S(4)

644 프렌치 노트 S(3)

Cafeeiro

## 동백나무꽃 Camellia

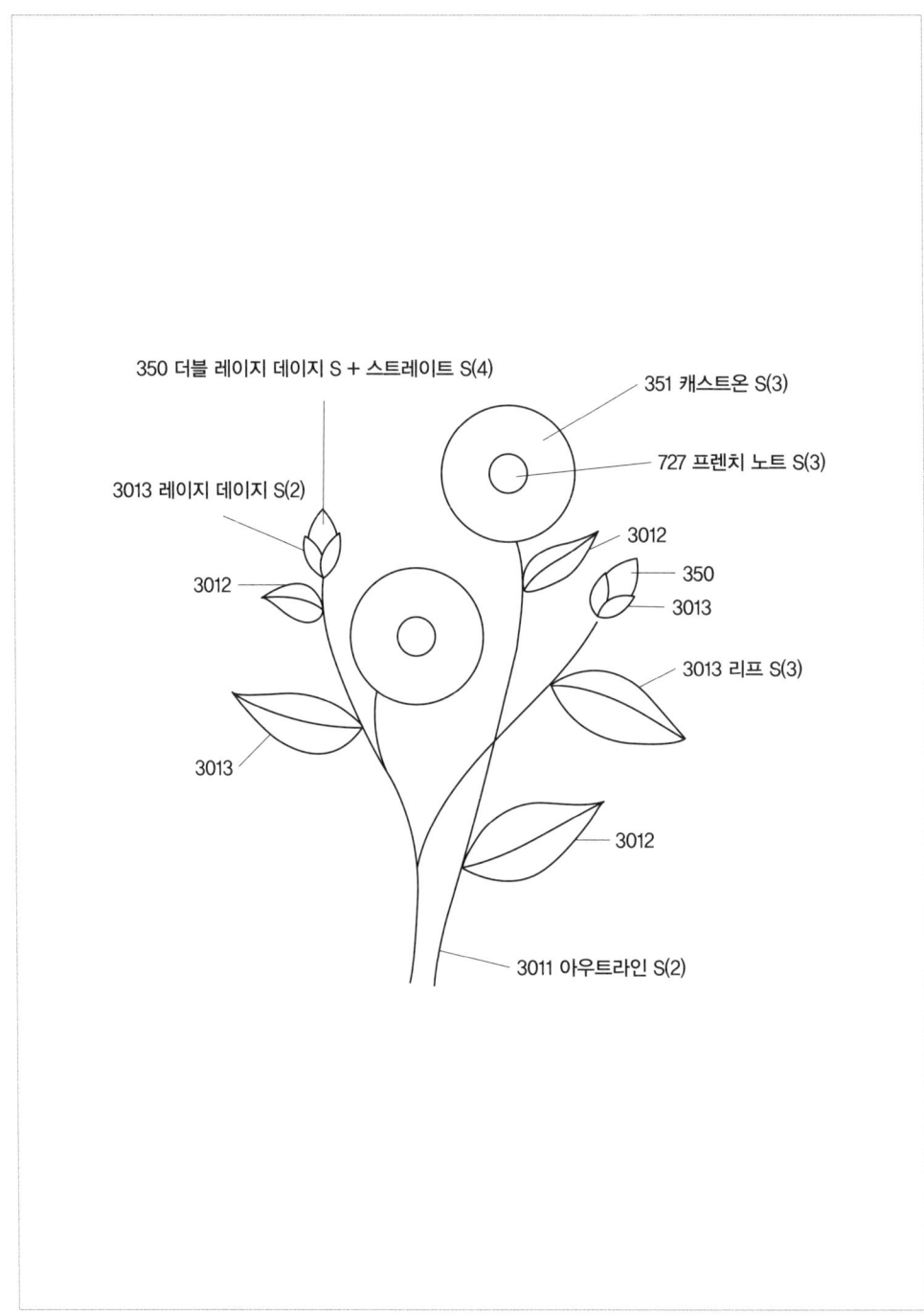

350 더블 레이지 데이지 S + 스트레이트 S(4)

351 캐스트온 S(3)

727 프렌치 노트 S(3)

3013 레이지 데이지 S(2)

3012

3012

350

3013

3013 리프 S(3)

3013

3012

3011 아우트라인 S(2)

3023 우븐오벌 S(4)

211

3823

3023 스템 S(2)

524

524

524

211 레이지 데이지 S(3)

524

209

3823

3823 프렌치 노트 S(2)

3022 플랫 S(2)

3022

3022

3022

3023 스템 S(3)

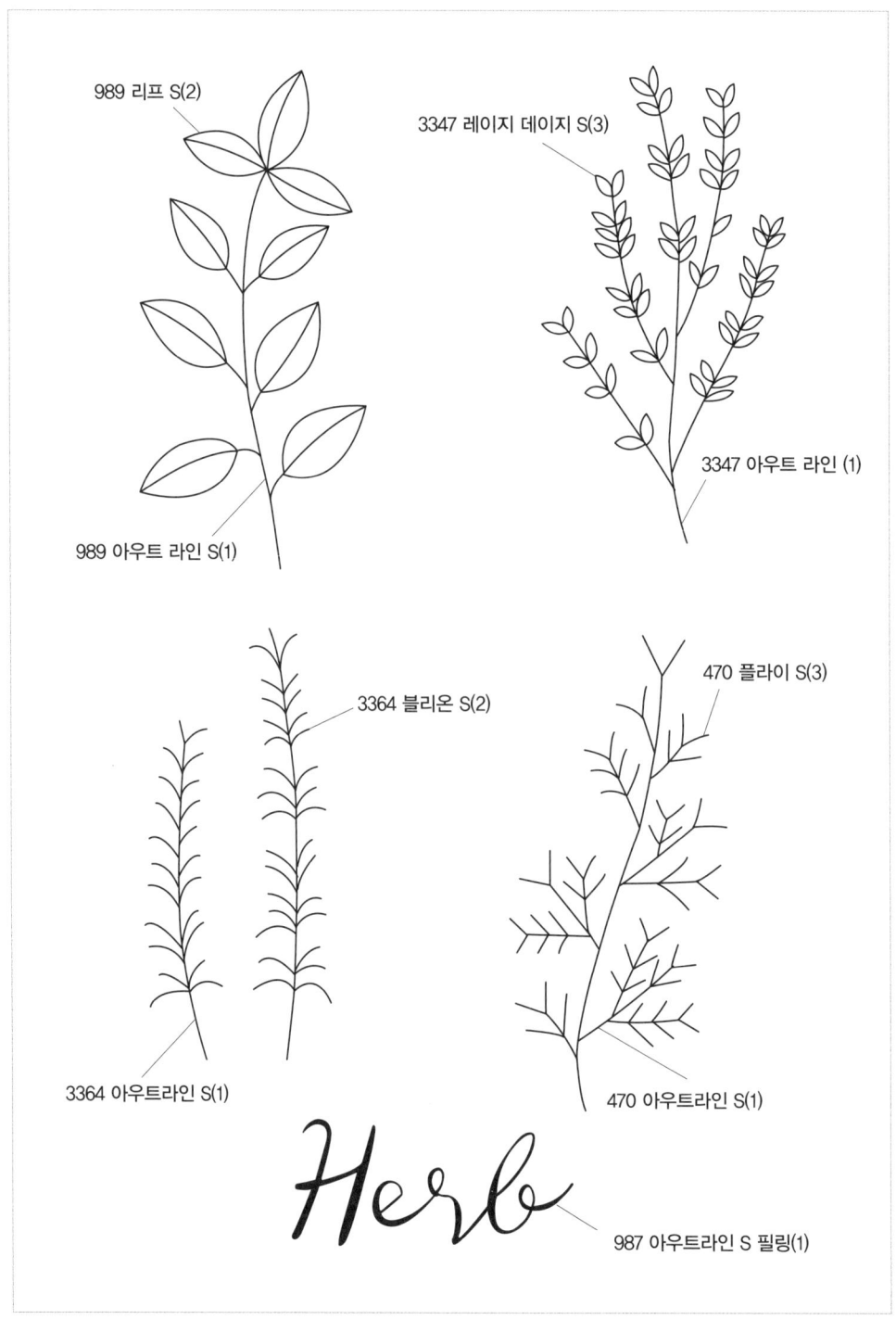

989 리프 S(2)

3347 레이지 데이지 S(3)

989 아우트 라인 S(1)

3347 아우트 라인 (1)

3364 블리온 S(2)

470 플라이 S(3)

3364 아우트라인 S(1)

470 아우트라인 S(1)

987 아우트라인 S 필링(1)

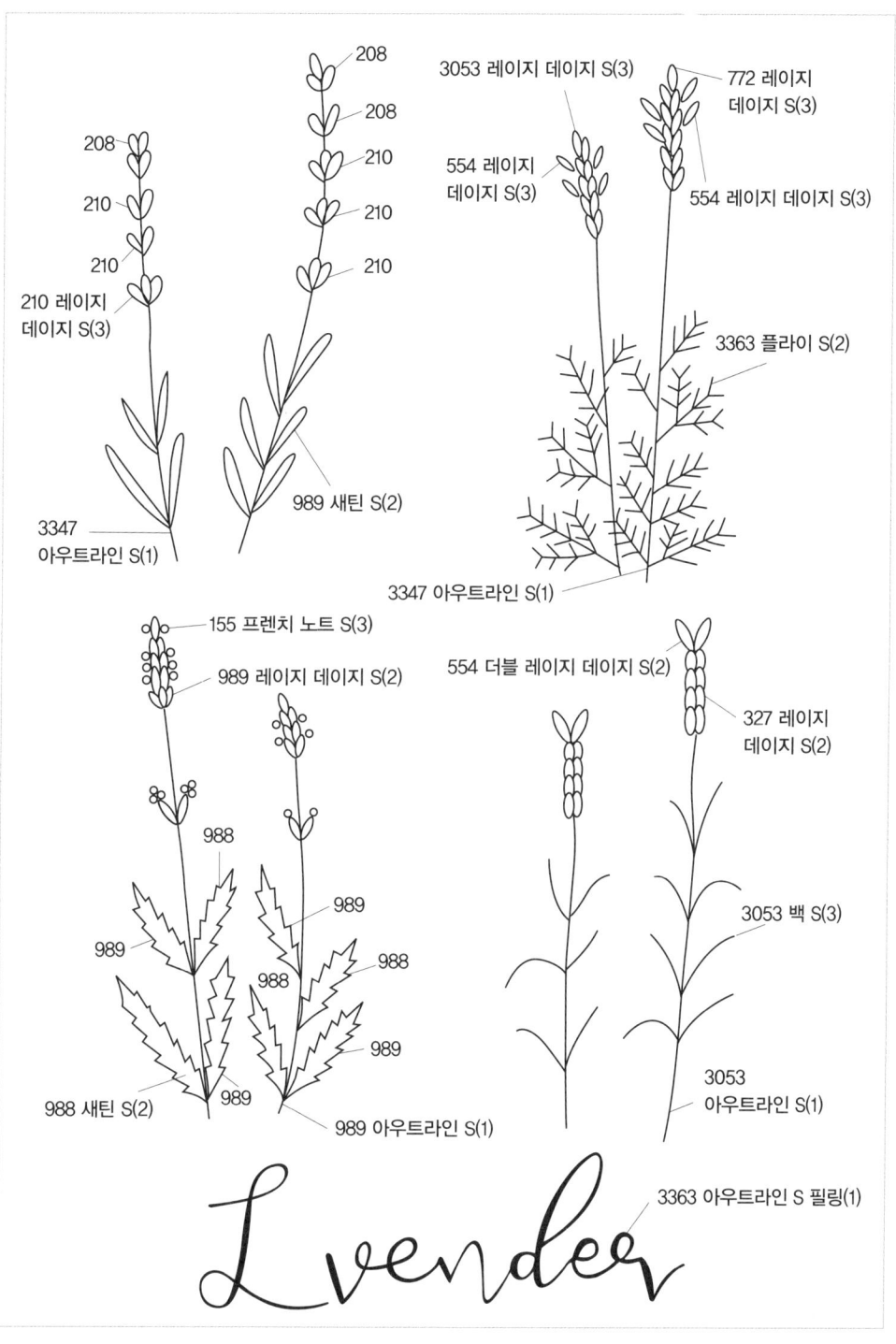

208

208

208

210

210

210

210

210

210 레이지
데이지 S(3)

3347
아우트라인 S(1)

989 새틴 S(2)

3053 레이지 데이지 S(3)

772 레이지
데이지 S(3)

554 레이지
데이지 S(3)

554 레이지 데이지 S(3)

3363 플라이 S(2)

3347 아우트라인 S(1)

155 프렌치 노트 S(3)

989 레이지 데이지 S(2)

554 더블 레이지 데이지 S(2)

327 레이지
데이지 S(2)

988

989

989

988

988

989

3053 백 S(3)

988 새틴 S(2)

989

989 아우트라인 S(1)

3053
아우트라인 S(1)

3363 아우트라인 S 필링(1)

*Lvender*

| Flower | Stitch | Color |
|---|---|---|
| 튤립<br>Tulip | 로제트 스티치(Rosette stitch)<br>아웃트라인 스티치(Outline stitch)<br>브로드 체인 스티치(Broad chain stitch) | 225<br>522<br>523<br>524<br>white |
| 가든로즈<br>Garden rose | 스템 스티치(Stem stitch)<br>루프드 블랭킷 스티치(Looped blanket stitch)<br>프렌치 노트 스티치(French knot stitch)<br>블리온 데이지 스티치(Bullion daisy stitch)<br>레이지 데이지 스티치(Lazy daisy stitch)<br>스트레이트 스티치(Straight stitch) | 745<br>353<br>3865<br>950<br>367<br>368<br>369 |
| 리시안셔스<br>Lisianthus | 카우칭 스티치(Couching stitch)<br>스파이더 웹 스티치(Spider web stitch)<br>프렌치 노트 스티치(French knot stitch)<br>트위스트 레이지 데이지 스티치(Twisted lazy daisy stitch)=체인<br>다닝 스티치(Chain darning stitch)<br>레이지 데이지 스티치(Lazy daisy stitch) | 746<br>3743<br>3042<br>772<br>522<br>523<br>524 |
| 해바라기<br>Sunflower | 스미르나 스티치(Smyrna stitch)<br>새틴 스티치(Satin stitch)<br>코랄 스티치(Coral stitch)<br>프렌치 노트 스티치(French knot stitch)<br>레이지 데이지 스티치(Lazy daisy stitch) | 3823<br>839<br>372<br>3012<br>3013 |
| 달리아<br>Dahlia | 링스티치 응용(Ring stitch application)<br>트위스트 체인 스티치(Twisted chain stitch)<br>새틴 스티치(Satin stitch) | 3865<br>224<br>644<br>647<br>642 |

| Flower | Stitch | Color |
|---|---|---|
| 잉글리시 로즈<br>English rose | 브레이드 스티치(Braid stitch)<br>스템 로즈 스티치(Stem rose stitch)<br>프렌치노트 스티치(French knot stitch)<br>스템 스티치(Stem stitch)<br>리프 스티치(Leaf stitch) | 3770<br>353<br>3328<br>522<br>523<br>3022 |
| 작약<br>Peony | 루프드 블랭킷 스티치(Looped blanket stitch)<br>브로드 체인 스티치(Broad chain stitch)<br>플랫 스티치(Flat stitch)<br>레이지 데이지 스티치(Lazy daisy stitch) | 225<br>152<br>223<br>647<br>3022<br>842 |
| 비올라<br>Viola | 우븐 오벌 스티치(Woven oval stitch)<br>리프 블랭킷 스티치(Leaf blanket stitch)<br>스템 스티치(Stem stitch)<br>프렌치노트 스티치(French knot stitch) | white<br>3042<br>3041<br>667<br>926<br>927 |
| 카네이션<br>Carnation | 브레이드 스티치(Braid stitch)<br>체인 스티치(Chain stitch)<br>아우트라인 스티치(Out line stitch)<br>레이지데이지 스티치(Lazy daisy stitch)<br>프렌치노트 스티치(French knot stitch)<br>새틴 스티치(Satin stitch) | 321<br>702<br>700 |
| 개양귀비<br>Poppy | 롱앤숏 스티치(long and short stitch)<br>ㅇ브로드 체인 스티치(Broad chain stitch)<br>카우칭 스티치(Couching stitch)<br>피스틸 스티치(Pistil stitch)<br>프렌치노트 스티치(French knot stitch)<br>스트레이트 스티치(Straight stitch) | 606<br>741<br>727<br>989 |

| Flower | Stitch | Color |
|---|---|---|
| 루드베키아<br>Cone flower | 위빙 스티치(Weaving stitch) | 743 |
| | 트위스트 체인 스티치(Twisted chain stitch) | 838 |
| | 프렌치노트 스티치(French knot stitch) | 470 |
| | 스플릿 스티치(Split stitch) | 3346 |
| 폼폼 국화<br>Pompon mum | 태슬 스티치(Tassel stitch) | 3865 |
| | 롤 스티치(Roll stitch) | 973 |
| | 새틴 스티치(Satin stitch) | 3345 |
| | | 3346 |
| 알리움<br>Allium | 그라니토스 스티치(Granitos stitch) | |
| | 피스틸 스티치(Pistil stitch) | 3607 |
| | 프렌치노트 스티치(French knot stitch) | 907 |
| | 아우트라인 스티치 필링(Outline stitch filling) | |
| 아네모네<br>Anemone | 서클 버튼홀 스티치(Circle button hole stitch)<br>아우트라인 필링(Outline filling) | white |
| | | 3078 |
| | | 772 |
| | | 553 |
| | | 550 |
| | | 3347 |
| 라넌큘러스<br>Ranunculus | 스템 스티치(Steam stitch)<br>스파이더 웹 스티치(Spider web stitch)<br>스템 로즈 스티치(Stem rose stitch)<br>트위스트 레이지 데이지 스티치(Twisted lazy daisy stitch) | 3865 |
| | | 3770 |
| | | 353 |
| | | 644 |
| | | 647 |
| | | 524 |
| | | 543 |

| Flower | Stitch | Color |
|---|---|---|
| 솔체꽃<br>Scabiosa | 오이스터 스티치(Oyster stitch) | 211 |
| | 트위스트 레이지데이지 스티치(Twisted lazy daisy stitch) | 208 |
| | 프렌치노트 스티치(French knot stitch) | 772 |
| | 아우트라인 스티치(Outline stitch) | 3881 |
| | 레이지데이지 스티치(Lazy daisy stitch) | 3363 |
| | 스트레이트 스티치(Straight stitch) | 910 |
| 아마꽃<br>Flax | 블랭킷 링 스티치(Blanket ring stitch) | 3747 |
| | 플랫 스티치(Flat stitch) | 3839 |
| | 레이지 데이지 스티치(Lazy daisy stitch) | 3078 |
| | 프렌치노트 스티치(French knot stitch) | 3881 |
| | 아우트라인 스티치(Outline stitch) | 3347 |
| 꽃마리<br>Trigonotis<br>peduncularis | 아우트라인 스티치(Outline stitch) | 162 |
| | 레이지데이지 스티치(Lazy daisy stitch) | 519 |
| | 프렌치노트 스티치(French knot stitch) | 727 |
| | 리프 스티치(Leaf stitch) | 3347 |
| | 페더 스티치(Fly stitch) | 910 |
| 코스모스<br>Cosmos | 위빙 스티치(Weaving stitch) | 3609 |
| | 프렌치 노트 스티치(French knot stitch) | 3607 |
| | 페더 스티치(Feather stitch) | 727 |
| | 레이지데이지 스티치(Lazy daisy stitch) | 801 |
| | 스트레이트 스티치(Straight stitch) | 704 |
| | 아우트라인 스티치(Outline stitch) | 703 |
| 수레국화<br>Cornflower | 링 스티치(Ring stitch) | 793 |
| | 프렌치노트 스티치(French knot stitch) | 3087 |
| | 블리온 스티치(Bullion stitch) | 158 |
| | 아우트라인 스티치(Outline stitch) | 989 |
| | 트위스트 레이지데이지 스티치(Twisted lazy daisy stitch) | 987 |
| | 브로드 체인 스티치(Broad chain stitch) | |

| Flower | Stitch | Color |
|---|---|---|
| 가시엉겅퀴<br>Visible Thistle | 카우칭 스티치(Couching stitch)<br>플라이 스티치(Fly stitch)<br>레이지데이지 스티치(Lazy daisy stitch)<br>프렌치노트 스티치(French knot stitch)<br>스트레이트 스티치(Straight stitch) | 3609<br>917<br>915<br>524<br>523<br>522 |
| 카모마일<br>Chamomile | 레이지데이지 스티치(Lazy daisy stitch)<br>스트레이트 스티치(Straight stitch)<br>아우트라인 스티치(Outline stitch)<br>프렌치노트 스티치(French knot stitch) | B5200<br>726<br>988 |
| 토끼풀<br>White Clover | 더블 레이지 데이지 스티치(Double lazy daisy stitch)<br>새틴스티치(Satin stitch)<br>아우트라인 스티치(Outline stitch)<br>스트레이트 스티치(Straight stitch) | White<br>744<br>989<br>701 |
| 병아리꽃<br>Rhodotypos | 캐스트온 스티치(Cast on stitch)<br>코랄 스티치(Coral stitch)<br>레이즈드 클로즈 헤링본 스티치(Raised close herringbone stitch)<br>프렌치노트 스티치(French knot stitch) | 3865<br>727<br>523<br>522<br>841 |
| 금잔화<br>Calendula | 레이즈드 리프 스티치(Raised leaf stitch)<br>위빙 스티치(Weaving stitch)<br>아우트라인 스티치(Outline stitch)<br>프렌치노트 스티치(French knot stitch)<br>스플릿 스티치(Split stitch) | 3854<br>3855<br>3862<br>370<br>371<br>372 |
| 커피나무꽃<br>Coffee Tree | 우븐 오벌 스티치(Woven oval stitch)<br>레이지 데이지 스티치(Lazy daisy stitch)<br>스트레이트 스티치(Straight stitch)<br>프렌치 노트 스티치(French knot stitch)<br>스템 스티치(Stem stitch)<br>새틴 스티치(Satin stitch) | 3865<br>168<br>3721<br>644<br>642<br>640 |

| Flower | Stitch | Color |
|---|---|---|
| 동백나무꽃<br>Camellia | 캐스트온 스티치(Cast on stitch) | 350 |
| | 프렌치 노트 스티치(French knot stitch) | 351 |
| | 아우트라인 스티치(Outline stitch) | 727 |
| | 리프 스티치(Leaf stitch) | 3011 |
| | 더블 레이지 데이지 스티치(Double lazy daisy stitch) | 3012 |
| | 스트레이트 스티치(Straight stitch) | 3013 |
| 벌개미취<br>Korea starwort | 레이지데이지 스티치(Lazy daisy stitch) | 209 |
| | 프렌치노트 스티치(French knot stitch) | 211 |
| | 스템 스티치(Stem stitch) | 3823 |
| | 플랫 스티치(Flat stitch) | 524 |
| | 우븐오벌 스티치(Woven oval stitch) | 3022 |
| | | 3023 |
| 허브<br>Herb | 아우트라인 스티치(Outline stitch) | 989 |
| | 리프 스티치(Leaf stitch) | 3347 |
| | 레이지데이지 스티치(Lazy daisy stitch) | 3364 |
| | 블리온 스티치(Bullion stitch) | 470 |
| | 플라이 스티치(Fly stitch) | 987 |
| 라벤더<br>Lavender | 아우트라인 스티치(Outline stitch) | 210 |
| | 레이지 데이지 스티치(Lazy daisy stitch) | 208 |
| | 더블 레이지 데이지 스티치(Double lazy daisy stitch) | 155 |
| | 새틴 스티치(Satin stitch) | 554 |
| | 프렌치노트 스티치(French knot stitch) | 327 |
| | 플라이 스티치(Fly stitch) | 772 |
| | 백 스티치(Back stitch) | 3053 |
| | 스트레이트 스티치(Straight stitch) | 989 |
| | | 988 |
| | | 3347 |
| | | 3363 |

## 마치며

꽃은 자리를 가리지 않고 싹을 틔우고 꽃을 피웁니다.
그 꽃에는 저마다 사연이 있고, 의미도 있습니다.
더불어 향기도 있습니다.


이 책에 나오는 꽃 이야기는 전해 내려오는 이야기, 사실확인이 안된 이야기가 더 많습니다. 그저 작은 꽃 한 송이에도 의미를 부여해 제가 알고 있는 이야기를 오랜 친구에게 이야기하듯이 써 내려간 글입니다. 또한 기억과 추억을 더해 수놓아 간 프랑스자수 꽃 이야기입니다. 때문에 너무 명확한 사실 검증을 요하지 않으셨으면 좋겠는데 모르겠습니다.


평범한 나를 좀 더 우아하게 가꿔주는 꽃들,
지친 일상에서 한줄기 수놓을 수 있는 여유.
축복같은 삶입니다.


말없이 대지를 수놓는 꽃들을 보며 나도 그렇게 묵묵한 사람이 되고 싶었습니다.
특별한 계기 없이 취미에서 시작한 일이었지만 나를 향한 감사의 글들은 언제나 낯설고 송구스럽습니다. 이렇게라도 보답이 되고 싶었는데 그 또한 모르겠습니다.
그저 이 모든 게 감사합니다.

릴리스 가든의
## 프랑스 자수
2021년 4월 4일 초판 1쇄 발행

지은이 | 유시내
펴낸이 | 이종일
펴낸곳 | 버튼북스
출판등록 | 2020년 4월9일 (제386-251002015000040호)
주　소 | 경기도 부천시 소삼로 38 휴안뷰 101동 602호
전　화 | 032)341-2144
팩　스 | 032)342-2144

ISBN  979-11-87320-42-5 (13630)